Editora Senac Rio – Rio de Janeiro – 2023

Gastronomia do Rio de Janeiro: um pouco de história, trajetórias e saberes © Cezar Marques, 2023.

Direitos desta edição reservados ao Serviço Nacional de Aprendizagem Comercial – Administração Regional do Rio de Janeiro.

Vedada, nos termos da lei, a reprodução total ou parcial deste livro.

Senac RJ

Presidente do Conselho Regional
Antonio Florencio de Queiroz Junior

Diretor Regional
Sergio Arthur Ribeiro da Silva

Diretor de Operações Compartilhadas
Pedro Paulo Vieira de Mello Teixeira

Assessor de Inovação e Produtos
Claudio Tangari

Editora Senac Rio
Rua Pompeu Loureiro, 45/11º andar
Copacabana – Rio de Janeiro
CEP: 22061-000 – RJ
comercial.editora@rj.senac.br
editora@rj.senac.br
www.rj.senac.br/editora

Editora
Daniele Paraiso

Produção editorial
Cláudia Amorim (coordenação), Manuela Soares (prospecção), Andréa Regina Almeida, Gypsi Canetti e Jacqueline Gutierrez (copidesque e revisão de textos), Camila Andrade, Julio Lapenne, Priscila Barboza, Roberta Silva e Vinícius Silva (design)

Impressão: Imos Gráfica e Editora Ltda.
1ª edição: maio de 2023

CIP-BRASIL. CATALOGAÇÃO NA PUBLICAÇÃO
SINDICATO NACIONAL DOS EDITORES DE LIVROS, RJ

M316g

    Marques, Cezar
      Gastronomia do Rio de Janeiro : um pouco de história, trajetórias e saberes / Cezar Marques. - 1. ed. - Rio de Janeiro : Ed. SENAC Rio, 2023.
      224 p. ; 23 cm.

    ISBN 978-85-7756-484-2

    1. Gastronomia - Rio de Janeiro (RJ) - História. 2. Bares - Rio de Janeiro (RJ) - História. I. Título.

23-83734	CDD: 641.5098153	
	CDU: 641.5(09)(815.3)	

Meri Gleice Rodrigues de Souza - Bibliotecária - CRB-7/6439

Imagens de uso contratualmente licenciado constantes deste livro pertencem à Shutterstock e são aqui utilizadas para fins meramente ilustrativos. As imagens das páginas 28 e 139 são de domínio público. As fotos das páginas 74 e 75 foram gentilmente cedidas por Casa da Foto.

Os bairros onde estão localizados os restaurantes, bares e botecos citados neste livro referem-se ao momento de publicação desta obra.

As informações constantes desta obra são de inteira responsabilidade do autor. Eventuais equívocos não foram intencionais e serão corrigidos nas próximas edições.

*A Raquel, os 27 anos que parecem uma vida inteira,
seu amor, sua amizade e paciência.*

*A meus filhos, Joaquim Pedro e João Francisco,
amores da minha vida, de toda uma vida.*

SUMÁRIO

PREFÁCIO 9

AGRADECIMENTOS 13

INTRODUÇÃO 15

INFLUÊNCIAS HISTÓRICAS 25

BOTEQUINS CARIOCAS 49

COMER E BEBER NA CIDADE MARAVILHOSA ... 73

GASTRONOMIA DE FAVELA 99

ESPETO CORRIDO E CHURRASCARIAS 115

CHEGADA DE CHEFS INTERNACIONAIS 125

EMPREENDEDORISMO PORTUGUÊS 137

GASTRONOMIA DAS AREIAS 149

ABERTURA AO MERCADO INTERNACIONAL 167

GASTRONOMIA CARIOCA PÓS-PANDEMIA 187

RECEITAS AFETIVAS COM A IDENTIDADE DO ESTADO
DO RIO DE JANEIRO 201

REFERÊNCIAS 219

PREFÁCIO

O Rio de Janeiro abrigou a corte portuguesa, foi capital do Brasil, sediou a primeira Olimpíada dos trópicos e, apesar das mazelas (sim, não são poucas), segue como referência no país, incluindo sua mesa única. Que gosto o Rio tem, afinal? Muitos, incontáveis, dos estrelados e engomados aos botecos espetaculares, dos beira-mar aos serranos; todos rendem um caldo de valor.

"O Rio cria moda aqui e no mundo. O açaí só estourou depois que o carioca o colocou no bowl, deu uma incrementada e combinou com frutas", me disse há tempos o chef Felipe Bronze. Ele tem razão. Original, a mesa carioca é uma fusão de muitas. Fusão sem confusão ou cópias. Traz sempre um molho local. Abraça forte as cozinhas trazidas por imigrantes que aqui chegaram e continuam chegando: portuguesa, espanhola, alemã, árabe, italiana, japonesa, chinesa. E ainda fica de "olho comprido" no que está acontecendo lá fora com as mesas do mundo. Aí, joga tudo no processador, bate bem e, prontinho, está na mesa algo novo, gostoso e bem servido. E como é farta a mesa carioca...

"Os chefs cariocas e fluminenses têm a propriedade de abraçar o que vem de fora, dar um molho pessoal e se apropriar a tal ponto que acaba virando seu", resume Flávia Quaresma, da primeira geração de brasileiros classe média a abraçar a profissão de chef de cozinha e com formação no exterior. Até os anos 1990, Zé Hugo Celidônio era dos poucos brasileiros com esse perfil em meio aos cozinheiros franceses que aportaram por aqui a reboque de Paul Bocuse. O Rio foi a porta de entrada da alta gastronomia francesa no Brasil. Mais ainda, da *nouvelle cuisine* que sacudia o mundo. Desse movimento, tivemos o luxo de herdar um "carrrioca" que aqui ficou para sempre: o mestre Claude Troisgros, que percebeu o potencial da culinária "carrrioca" e segue fazendo lindo.

São sabores de encantos mil, nativos ou vindos de fora. Tanto faz. É coisa nossa e ninguém mete a colher.

LUCIANA FRÓES
Jornalista de gastronomia e colunista do jornal *O Globo*

AGRADECIMENTOS

A Sergio Arthur Ribeiro, diretor do Senac RJ, a confiança dedicada a mim na escrita deste projeto, convite que aceitei com muita honra e alegria.

Aos amigos Paulo Cesar Duarte (PC), Manoel Nunes, Marcelo Yang, Delmar Junior, a amabilidade e companhia prodigiosa nas visitas aos mais diversos botecos da cidade.

Aos queridos companheiros da Confraria dos Amigos, representantes legítimos da boa mesa e de histórias divertidas que inspiram boas narrativas.

Aos profissionais de gastronomia, chefes de cozinha, proprietários de restaurantes, sommeliers, fornecedores e toda a cadeia produtiva do setor gastronômico, que sempre me disponibilizaram informações, agenda e ajuda de toda ordem quando precisei, em uma conversa informal, na maioria das vezes com uma taça de vinho na mesa.

A Daniele Paraiso, Manuela Soares e toda a equipe da Editora Senac Rio, a atenção e disponibilidade constante e todo o acolhimento no percurso.

A meus pais, Cezar (*in memoriam*) e Therezinha, e meus irmãos, Ana Claudia e Claudio José.

INTRODUÇÃO

ENTRADA

Minha vida sempre "perambulou" pelo ambiente da comida e da bebida. Meu avô era dono de padaria e meu pai foi proprietário de bar. Eu mesmo já fui sócio de um boteco, e em 1990 *Conversa de botequim* foi o título de minha monografia no curso de Comunicação Social, escrita sob orientação do mestre Aldir Blanc e com capa ilustrada pelo chargista Ique.

Aldir me recebia no apartamento dele na rua Garibaldi, na Tijuca. Na sala principal, uma enorme mesa oficial de sinuca ficava posicionada ao centro, nós conversávamos sentados em um sofá e uma cadela da raça weimaraner cheirava minhas pernas. "Ô, Lua, deixa ele...", dizia o genial compositor, com voz grave, passando a mão levemente sobre a barba.

Naquela época não existia e-mail nem WhatsApp ou qualquer rede social. Eu escrevia sobre o comportamento dos clientes nos bares, seus tipos, personagens, códigos, gírias, diferenças entre o boteco da zona norte e o da zona sul, processo histórico e surgimento dos botequins no Rio de Janeiro. Sem internet e com literatura escassa sobre o tema, a pesquisa exploratória era o que prevalecia. Tive o privilégio de apurar conteúdos com os professores Ivan Cavalcanti Proença e Victor Giudice (escritor do livro *Salvador janta no Lamas*), bem como os antológicos Jaguar (a quem fui apresentado com mais intimidade anos depois pelo amigo César Nahoum, que o chamava de Sérgio Jaguaribe, seu nome correto), Albino Pinheiro, Alfredo Jacinto Melo (o Alfredinho, do Bip Bip), e outros tantos baluartes.

Aldir me recebia em sua casa para conversarmos e lá apontava a minha próxima missão. Mandava-me visitar bares em Andaraí, Lins de Vasconcelos, Méier, Maria da Graça... Não existia Google Maps, eu me "virava" de ônibus. O mais perto era o Bar da Maria, bem ao lado do prédio dele, na rua Garibaldi. O estabelecimento pertencia a uma portuguesa que acabara de ficar viúva e o local era frequentado por um compositor que o Aldir dizia ter um futuro promissor. Seu nome era Moacyr Luz.

O tempo passou e, em minha trajetória profissional, acabei me tornando assessor de comunicação do segmento de bares e restaurantes graças a Simone Katz, uma aguerrida assessora de imprensa que, com a amiga Patrícia Greijal, me convidou para atender a alguns restaurantes da cidade do Rio de Janeiro. Assim, tive a oportunidade de conhecer o funcionamento das operações das casas e, principalmente, a formulação de estratégias de comunicação para esse setor. Simone acabou nos deixando muito cedo, mas o que aprendi com ela ficou comigo até hoje. Tornei-me um profissional do segmento de alimentos

INTRODUÇÃO

e bebidas, um estudioso do tema e, é claro, ganhei bastante peso com provas de cozinha, jantares harmonizados, aulas de mixologia e degustações. Conheci cozinheiros estrangeiros, nordestinos, garçons de tudo que é lugar e os bravos gaúchos com seus churrascos de sabor. Um amplo repertório de saberes, aprendizagens, convivências que me fez chegar até aqui.

PRATO PRINCIPAL

Foi em junho de 2020 – quando a pandemia da covid-19 estava a pleno vapor, hospitais com leitos quase em colapso, decretos do governo com medidas restritivas emergenciais, economia fragilizada e a sociedade sem saber exatamente por quanto tempo ficaria sem as habituais rotinas pessoal e profissional – que recebi um convite de Sergio Arthur Ribeiro, diretor do Senac RJ, para fazer uma live com ele.

Lives no Instagram e no YouTube sobre os mais variados assuntos eram comuns naquele período. Em razão do isolamento social, as pessoas estavam reclusas em suas casas, tínhamos muito trabalho em home office e, com isso, as atividades pela internet, como reuniões, webinar e lives, eram muito frequentes. Mesmo sem saber exatamente a pauta, aceitei de imediato o convite. Mas precisávamos definir o tema a ser tratado.

Sergio sugeriu falarmos sobre gastronomia. Ele tinha conhecimento de minha atuação por muitos anos no segmento e de que poderia falar sobre o setor. Assim nasceu a nossa live com o título "A história da gastronomia do Rio de

INTRODUÇÃO

Janeiro e o futuro do setor pós-pandemia". Nosso bate-papo foi transmitido ao vivo pelo canal do Senac RJ no YouTube. Sergio gostou da experiência como entrevistador, soube me deixar à vontade na conversa e eu também gostei; ainda que muito falante, considerei o resultado satisfatório. A live bateu uma audiência expressiva para a média das transmissões do Senac RJ e, alguns dias depois, fui convidado para um café na sede da Fecomércio, no Flamengo.

Na reunião, conversamos sobre a relação do Senac com o Rio de Janeiro, a importância do setor gastronômico para a instituição. Ele me convidou para transformarmos a conversa da live em uma publicação editorial. Seria uma oportunidade especial, sobretudo por se tratar de uma área em que eu sempre atuei profissionalmente e com a qual me identificava. Na mesma hora aceitei e ele agendou com Daniele Paraiso, profissional responsável pela Editora Senac Rio, para tratarmos dos detalhes. Falaríamos especificamente sobre a cidade do Rio de Janeiro, mas também faríamos um panorama de todo o estado do Rio. E assim me atirei a este saboroso projeto: escrever sobre a gastronomia do Rio de Janeiro, seus personagens, saberes, trajetórias e histórias.

Durante a elaboração do projeto, visitei estabelecimentos, conversei com profissionais, procurei dar uma linha de condução que pudesse tratar desde o início do desenvolvimento da cidade do Rio de Janeiro com o impacto do crescimento comercial e seus desdobramentos pelo estado até os dias atuais. O livro destaca temas que considero importantes, como a mão de obra nordestina nas cozinhas da cidade, a chegada dos sulistas e a abertura de suas churrascarias, a geração dos cozinheiros internacionais que chegaram como turistas e se apaixonaram pela cidade, fixando moradia para trabalhar e constituir família, a gastronomia de favela e a gastronomia das praias cariocas. O objetivo não é contar a história da gastronomia na cidade ou no estado do Rio de Janeiro,

GASTRONOMIA DO RIO DE JANEIRO

mas, sim, fazer um pequeno recorte do que vivenciei e tive como experiência. Ao mesmo tempo, não se trata de um guia de bares e restaurantes, ainda que alguns estabelecimentos sejam mencionados e muitos outros, não.

O Rio de Janeiro é um dos principais destinos turísticos do mundo e, por isso, uma força vigorosa no setor gastronômico. Uma ampla diversidade de sabores para conhecer e degustar. Um olhar em parte desse universo é o que fica registrado nestas páginas.

SOBREMESA

Sabemos que a memória gastronômica do estado do Rio de Janeiro acompanha o desenvolvimento da própria capital e a vida dos seus habitantes. Para falar sobre ela, é necessário reconhecê-la como um fenômeno cultural na sociedade brasileira, a identidade dela com seus simbolismos, o ambiente descontraído da praia, a informalidade do seu cotidiano, as particularidades nos hábitos da zona norte e da zona sul, seus códigos e referências.

É necessário conhecer a trajetória de seus protagonistas para compreender suas práticas e saberes. Aqui nestas linhas pretendo falar sobre a cidade do Rio de Janeiro e sua capacidade de lançar modismos e novos comportamentos, sua gastronomia tão diversificada e seus desdobramentos em outras regiões do estado. Em sua beleza e grandiosidade, o Rio de Janeiro é considerado o mais importante destino turístico internacional da América Latina, uma cidade plural, com repleto vigor e muita potência do morro ao asfalto. É uma das mais belas cidades do mundo, mas também com muitos problemas.

O Rio de Janeiro respira o cheiro do tempero nas mais diferentes cozinhas espalhadas por seu território, da resenha em pé no boteco pós-praia com o chope, dos tradicionais, adoráveis e icônicos bares da zona norte aos estabelecimentos estrelados da zona sul. Até mesmo quando o olfato registra a pipoca quentinha da carrocinha triciclo na saída da escola, que nos remete aos tempos de infância, da rotina frenética do centro urbano com seus restaurantes centenários e seus garçons dos quais nunca esquecemos o nome. E quando pegamos a estrada rumo à serra, o reencontro simpático com o clima ameno, as provas de croquetes, fondues e outras iguarias calóricas e igualmente saborosas. Na rota praiana para a Região dos Lagos ou mesmo no sentido oposto, que encontra a exuberante mata atlântica na Costa Verde. Uma geografia ampla, de natureza abençoada e de sabores que encantam.

Os fatos e acontecimentos aqui transformados em narrativa são fruto de um estudo com pesquisas e referências bibliográficas e de muitas conversas ao redor do fogão e da boa mesa, ouvindo alguns dos personagens que convivem em boa parte dessa história. Muito mais que comer e beber, é importante entender a culinária regional da cidade e do estado do Rio de Janeiro como um elemento importante da cultura popular e da expressão dos saberes, materializado em suas técnicas, práticas, influências familiares e inspiração variada. O rito do sentar-se à mesa e o que isso representa para o código universal de celebrar, compartilhar, seja no plano afetivo, seja no plano pessoal ou profissional. O paladar da cozinha, o sabor da elaboração de um prato, a conexão desse sentimento com a memória afetiva de quem ensinou a fazê-lo e hoje não está mais aqui, ou de quem está preparando alguma receita na cozinha, ou mesmo servindo. Muito além de apenas saciar a fome, o reconhecimento do alimento como um elemento agregador do cotidiano da cidade e da vida. Degustar sem pressa, apenas sentindo os aromas e o prazer de se fazer presente naquele momento tão único e especial.

INTRODUÇÃO

Com sua vocação turística de eterno balneário, cercado de montanhas com praias lindas, com sua gente bonita e cheia de energia, o Rio de Janeiro atrai inúmeras pessoas o ano inteiro. Lugar que fez o mundo conhecer o movimento da bossa nova, quando João Gilberto cantou "Chega de saudade"; a "Garota de Ipanema" de Antônio Carlos Jobim; a "Copacabana", princesinha do mar, na voz cadenciada de Dick Farney, o "Alô, alô, Realengo", naquele abraço e timbre elegante de Gilberto Gil; nos "Alagados" da favela da Maré pelos Paralamas; o "Rio 40 graus", na voz de Fernanda Abreu.

Espero trazer ao leitor um pouco desse saboroso passeio pela história da nossa cidade, com seus personagens e trajetórias, os saberes aqui praticados, tão fundamentais e igualmente importantes para o nosso pertencimento histórico e nossa vida cultural.

INFLUÊNCIAS HISTÓRICAS

O universo gastronômico do Rio de Janeiro expressa o convívio espontâneo de seus habitantes e suas famílias, dos que desembarcaram na cidade para trabalhar, para passear e dos mais diversos visitantes. E, é claro, de todo e qualquer curioso ávido por explorar novos sabores.

Os apreciadores da boa mesa, seja onde for, serão sempre os que se reconhecem na condição de comensais e que apreciam de maneira prodigiosa a riqueza do que sai do forno e do fogão. São os que cultivam o pensamento de que a cozinha sempre será o melhor cômodo da casa, não por acaso o lugar onde os familiares se reúnem ao redor da mesa para uma conversa regada de amor e prazer da vida.

A cozinha é uma espécie de porta-voz de inúmeros e diferentes lugares. Você pode não ter feito uma viagem para determinado local, mas por meio da cozinha é possível conhecer diversas regiões pelas boas conversas e pelo sabor.

A diversidade culinária do Brasil é tão ampla que, mesmo fazendo um recorte específico do Rio de Janeiro, não é uma tarefa fácil enumerar suas influências e trajetórias. É necessário considerar as tradições familiares, as influências de várias partes do mundo, os registros de receitas culinárias de origem desconhecida, mas que ficam em nossa memória e estimulam desejos gastronômicos, bem como a construção de uma identidade fluminense contextualizada em uma referência regional, nacional e até mesmo de esfera familiar.

O rito de sentar-se à mesa e degustar algo expressa valores afetivos e elementos de contínua socialização. O desenvolvimento regional passa pelos contextos político, social e econômico, que norteiam os avanços da localidade, por exemplo com sua agricultura familiar de sobrevivência e o possível desdobramento desta para a sustentabilidade local.

Assim como a cultura africana evidenciada por sua culinária, a cultura indígena é muito presente na história do Brasil e fez importante contribuição com seus temperos, chás, sementes, raízes e algumas plantas brasileiras consideradas referência para um corpo saudável. O melhor exemplo disso é nossa lembrança da receita caseira com boldo, arnica ou folha de saião, preparada por uma tia-avó quando éramos crianças. Receitas que curam e ficam de legado para inúmeras gerações.

Ainda no Brasil Colônia, tínhamos alimentos importantes que compunham o básico da alimentação dos brasileiros. A mandioca, por exemplo, conhecida herança indígena, atravessou décadas com seus benefícios para a população e, já naquela época, tinha o seu grande derivativo: a farinha de mandioca, que com o arroz e o feijão compunha a base do cardápio da população brasileira. O jornalista e historiador potiguar Luís da Câmara Cascudo dedicou um capítulo inteiro a ela no livro *A história da alimentação no Brasil*, em que trata a mandioca como "rainha" do Brasil, tamanha a importância da iguaria. Câmara Cascudo também pesquisou os hábitos alimentares e o cotidiano do brasileiro, bem como abordou inúmeras mudanças de comportamento e o crescimento dos centros urbanos.

O antropólogo e mestre Gilberto Freyre, em seu clássico *Casa-Grande & Senzala*, publicado em 1933, revela a importância da formação da sociedade brasileira com sua miscigenação entre brancos e escravizados negros, das diversas nações africanas e dos mais diferentes povos indígenas que habitavam o Brasil. Em *Açúcar* também retratou questões alimentares no Brasil, revelando uma nacionalidade com base na civilização do açúcar no país, que influenciou os costumes alimentares brasileiros. Com o olhar da antropologia e das ciências humanas, o autor pesquisava e analisava livros de receita, resgatando a cozinha tradicional brasileira. O historiador Sérgio Buarque de Holanda também abordou hábitos alimentares em *Caminhos e fronteiras*, com a análise do indivíduo nos contextos econômico, social e cultural, e a importância da expressão de nossos costumes para o reconhecimento da diversidade da sociedade brasileira e, consequentemente, sua formação.

Todos eles pesquisaram, estudaram e expressaram a riqueza, a tradição da culinária do Brasil, mas Gilberto Freyre manifestou a sacarocracia como um elemento de identidade nacional. No estudo, ele a considerou um marco decisivo nas práticas e nos hábitos alimentares do Brasil, na formação da sociedade brasileira, reconhecendo sua diversidade. Nesse sentido, a história da gastronomia pode ser contada por meio das manifestações culturais e sociais, as quais revelam um registro da época. O ato de se alimentar pode ser tão importante quanto saber o local em que se alimentou, como, quando e com quem o alimento foi compartilhado e, assim, reconhecer espaços, territórios e os protagonistas que fazem parte dessa trajetória.

Câmara Cascudo, Gilberto Freyre e Sérgio Buarque de Holanda deram uma relevante contribuição ao estudo da alimentação no Brasil ao expressar a absoluta importância e a valorização da cultura brasileira sob diversos aspectos. Dessa maneira, é possível compreendermos as relações humanas e os fenômenos sociais, políticos e econômicos em uma linha do tempo da História.

Um jantar brasileiro, *Jean-Baptiste Debret*

INFLUÊNCIAS HISTÓRICAS

A chegada da família real portuguesa ao Rio de Janeiro, em março de 1808, sob a batuta de Dom João, muito contribuiu para o desenvolvimento da indústria e, consequentemente, do comércio na região. Por exemplo, em pouco tempo, o número de habitantes na capital passou de 50 mil para 100 mil. Entre outros fatores, muitos europeus vieram, dos mais diversos países, à procura de novos negócios e desembarcavam na, então, sede do governo português. Naquela época, a cidade do Rio de Janeiro era considerada a mais importante do Brasil e já apresentava uma mistura de sabores e muitas influências em um repertório amplo de possibilidades gastronômicas, uma enorme miscigenação, um intercâmbio cultural que ao longo do tempo se replicou nas práticas alimentares da sociedade, interpretado, sentido e percebido por meio de simbolismos que envolvem o ritual de comer e beber.

Com a vinda dos portugueses, a gastronomia lusitana também deixou um importante legado, bem como a culinária de países estrangeiros que por aqui chegaram, por exemplo franceses, italianos, espanhóis, alemães, e uma parte mais restrita de imigrantes sírios, libaneses e árabes. Todo esse processo possibilitou um novo contexto para a cidade, onde espaços que se destacavam como nova oportunidade de consumo foram abertos, por exemplo padarias, mercearias de secos e molhados e restaurantes.

Uma nova concepção de comércio surgia. Além disso, os imigrantes europeus traziam hábitos de sofisticação e exigências que não tínhamos por aqui. No aspecto das práticas da boa mesa, a cultura do Rio de Janeiro começava a passar por uma revolução, não somente no que diz respeito à chegada de ingredientes importados mas também à estética na decoração dos estabelecimentos e até a protocolos no serviço. O business culinário mostrava uma nova vertente. Esse processo ampliou-se aos poucos com a corte imperial e até mesmo na fase da República, com o desenvolvimento urbano do Rio de Janeiro.

Os portugueses eram os principais proprietários de armazéns, bares, confeitarias, açougues, quitandas e os administravam com os familiares, que residiam nos fundos do comércio ou no piso superior. Essa prática pode ser vista também nos dias de hoje em alguns bairros da cidade e ainda é possível encontrar quitandas que se transformaram em mercearias de arquitetura mais moderna, onde os filhos dos proprietários cresceram no entorno do balcão e hoje são seus sucessores. Mesmo com um mercado dinâmico e agressivo, em que supermercados aglomeram uma legião de clientes, esse pequeno comércio de bairro ainda busca sobreviver cultivando e apostando no velho e bom relacionamento com a clientela, como sempre foi no passado.

Voltando ao período de crescimento do comércio com os portugueses e imigrantes no Rio de Janeiro, na mesma época ingleses assumiam o setor atacadista em armazéns no Centro da cidade e muitos também atuavam em empresas ferroviárias e de energia elétrica, o que originou os primeiros bondes da cidade. Eles buscavam ainda atividades no setor têxtil e foram os responsáveis pela realização da primeira partida de futebol do Brasil, na Fábrica de Tecidos Bangu. Mas isso é conversa para outro dia.

Outra área do Centro da cidade com predominância de comércio popular é a região do Saara, onde imigrantes sírios e libaneses – cuja presença acelerou o crescimento do comércio de tecidos – desenvolveram pratos típicos, como esfirras, quibes, tabules, muito conhecidos pelo paladar carioca. O Saara até hoje "ferve" com os consumidores, que caminham pelas estreitas ruas do bairro, ainda com prédios antigos preservados, em busca de boas ofertas de vestuário, acessórios, peças decorativas, armarinho, fantasias de carnaval e datas festivas. Entre uma caminhada e outra, vale a pena dar uma parada para descansar as pernas e degustar a gastronomia local.

Saara

Outra culinária de característica popular cujo comércio proliferou nos bairros do Rio de Janeiro ao longo dos anos foi a chinesa, com pastelarias que nem de longe são reconhecidas como referência gastronômica, mas ocupam diversos pontos da cidade com a técnica de fritar "sorrisos", nome de batismo dos pastéis chineses em algumas regiões do Rio de Janeiro, principalmente em Niterói. Vale lembrar ainda os famosos pastéis servidos com caldo de cana nas feiras populares, com ampla variedade de barracas de frutas, verduras, hortaliças, biscoito amanteigado, clássico programa no Rio de Janeiro – eterna memória afetiva que nos remete ao pai ou ao tio que nos levou pela primeira vez a uma feira livre bem como traz a lembrança do grito sonoro do feirante para atrair a atenção do freguês.

Com o crescente aquecimento do comércio e o aprimoramento da gastronomia local, sob influências portuguesas e de países europeus, em 1864 o Rio de Janeiro inaugurava a Confeitaria Paschoal. O espaço era frequentado pela corte e por nomes que despontavam na literatura nacional, como Machado de Assis, Euclides da Cunha, Olavo Bilac, entre outros. Mais tarde, seguindo a mesma linha, nascia a famosa Confeitaria Colombo, que também fez história na cidade com ilustres frequentadores, grandes nomes do jornalismo, da política e da literatura.

Fachada da Confeitaria Colombo

INFLUÊNCIAS HISTÓRICAS

O Rio de Janeiro respirava ares mais luxuosos com esse tipo de comércio com decoração art déco, inspirada em artes visuais e design de arquitetos europeus que projetaram prédios nos anos 1920 na França, em Portugal, na Inglaterra e em outros países. A Colombo apresentava grandes cristaleiras importadas da Bélgica em sua estrutura e claraboia imponente no balcão principal. Como se gastronomia, arquitetura e decoração caminhassem juntas, essa proposta era algo diferente no Rio de Janeiro. Uma verdadeira transformação da cidade pela implantação de novos hábitos, de novas referências ocasionadas pelo crescimento urbano da metrópole.

Em razão do amplo território brasileiro, o Rio de Janeiro também recebeu expressiva influência regional, principalmente de Minas Gerais, como o consumo de caldos, sopas, polenta e pão de queijo. Com seu jeito carismático e sotaque bem carregado, o mineiro sabe como ninguém "pilotar" um fogão à lenha com os mais diversos pratos, como carne de porco, galinha ao molho pardo, o famoso feijão-tropeiro, tutu à mineira com couve, farofa e, claro, o torresmo crocante que acompanha uma boa cachaça. O interior de Minas Gerais tem uma linha muito semelhante à da culinária rural, originária das fazendas de café do interior do estado do Rio de Janeiro, com receitas que levam porco, galinha, farinha de milho, feijão, mandioca. Na linha de doces, destaque para a goiabada com queijo, o bolo de fubá, os doces em calda, o doce de leite, além da paçoca de amendoim e do pé de moleque.

Da Bahia temos uma forte presença africana, com uma alimentação à base de vatapá, sarapatel, caruru, bobó de camarão, moqueca de peixe e o perfumado azeite de dendê. Na parte de sobremesas, cocadas, quindins e baba de moça. Na cidade do Rio de Janeiro, é comum encontrarmos mulheres vestidas de baianas vendendo acarajé em barracas improvisadas, mesmo debaixo de sol e a temperaturas elevadas, e o tradicional vendedor de cocadas e cuscuz levando um tabuleiro sobre a cabeça, a pé ou de bicicleta, principalmente nos bairros da zona norte da cidade. O bobó de camarão também é uma querida preferência do carioca, sobretudo em almoços caseiros, sempre temperado com uma boa pimenta.

Em um passeio pelo estado do Rio de Janeiro, no norte fluminense, temos a cidade de Campos dos Goytacazes, famosa por revelar o chuvisco, doce típico português à base de ovos, muito apreciado em festas de casamento, bodas e aniversários de 15 anos. A cidade passou pelo ciclo da cana-de-açúcar, que foi determinante para a formação da culinária doceira luso-brasileira abundante e vigorosa na região. Campos e muitas cidades vizinhas vivenciaram de maneira significativa o ciclo açucareiro e conviveram com inúmeras receitas trazidas de Portugal pela família imperial. O chuvisco tornou-se marca registrada da doçaria campista. No noroeste fluminense, em cidades como Itaperuna, Santo Antônio de Pádua, Bom Jesus do Itabapoana, Miracema, Porciúncula, Cambuci, Natividade, Itaocara, é comum encontrar doceiras e banqueteiras do interior que se tornaram referência e conquistaram o público da cidade grande, o qual contrata seus serviços para inúmeras celebrações. É bem verdade que esse tipo de festejo passou por mudanças ao longo do tempo. Mas, no passado, nas celebrações tradicionais, o evento era comum e muito badalado na sociedade.

Do litoral sul do estado do Rio de Janeiro seguindo para o estado de São Paulo, temos a região denominada Costa Verde, com farta presença de Mata Atlântica. Lá podemos destacar a cidade de Paraty, município considerado importante produtor de cachaça artesanal do Brasil, cujos alambiques atraem turistas de vários países. Ali também é possível encontrar restaurantes de culinária

INFLUÊNCIAS HISTÓRICAS

internacional que, ao mesmo tempo, utilizam ingredientes locais, como banana-da-terra, frutos do mar e pescados da Baía da Ilha Grande. Um bom programa é, com um barco local, passar o dia fazendo um passeio gastronômico, apreciando a bela paisagem e parando em algumas ilhas não somente para mergulhar mas também para saborear um belo pescado nos restaurantes. Na Região dos Lagos, podemos destacar a cultura da pesca artesanal, muito presente nos municípios dali. Na culinária, predominam preparos típicos, com referências à cozinha lusitana, mas também com influências indígena e africana, como pratos de pescado, milho, legumes, caldeirada de frutos do mar e camarão na moranga.

A fartura do pescado possibilitou à região consolidar sua vocação para pratos com siri, lagosta, garoupa, robalo e, principalmente, camarão. Ali também encontramos a presença do turismo internacional; destinos sempre muito procurados são as cidades de Cabo Frio, Macaé e Rio das Ostras, que tiveram crescimento bastante significativo ao longo dos anos.

Mas a principal rota consolidada para o visitante estrangeiro situa-se em uma península oceânica que conquistou os visitantes. Armação dos Búzios foi eternizada por personalidades ilustres, como a atriz Brigitte Bardot, homenageada em uma praia com direito a uma estátua que recebeu seu nome. Com absoluto reconhecimento e prestígio no mapa turístico brasileiro, Búzios é um sofisticado destino de férias, com diversas praias encantadoras. A cidade, que no passado recebia mais turistas no verão, agora é movimentada o ano todo e habitada por estrangeiros, que ali chegaram e desenvolveram uma gastronomia internacional de qualidade. Com destaque para os argentinos, que proporcionaram uma identidade fortíssima ao lugar. Há momentos que o sotaque espanhol parece ser o idioma original da cidade.

A Região Serrana do estado do Rio de Janeiro sempre foi a rota escolhida pelos alemães e suíços que aqui chegaram. Isso justifica a boa qualidade das cervejas da região, a presença de croquetes e strudels. Cidades como Petrópolis, a principal da rota, respiram parte da história do Brasil. O local era caminho do ouro, com diversas fazendas onde se cultivavam, pela facilidade do clima ameno, frutas europeias como pêssegos e maçãs, não muito comuns no Rio de Janeiro. Tudo começou na época do Império, quando D. Pedro II adquiriu uma colônia agrícola denominada Fazenda do Córrego Seco. Em 1843, o local passou a se chamar Petrópolis (Cidade de Pedro) e, em 1845, iniciou-se sua construção por colonos alemães, tornando-se destino frequente de D. Pedro para descansar, passear e fazer suas leituras.

Vista aérea da cidade de Petrópolis, com a Catedral de São Pedro de Alcântara em destaque

Palácio Quitandinha, em Petrópolis

No ano de 1857, Petrópolis foi elevada à condição de cidade e, a partir de então, toda a nobreza se mudou para a região, fugindo das doenças contagiosas. Com a República, que veio em seguida, a cidade tornou-se residência de vários presidentes, que usavam o Palácio Rio Negro para despachar. Em 1944, no governo Getúlio Vargas, instalou-se o cassino Quitandinha, considerado o maior do mundo naquela época.

A fama construída por reis, imperadores e princesas fez Petrópolis ser reconhecida como um importante destino turístico brasileiro e uma região de muito glamour. A Cervejaria Bohemia, fundada em 1853, está até hoje em funcionamento. Inaugurado em 1914, o tradicional restaurante e choperia Casa D'Angelo mantém a tradição com gastronomia variada, que vai de café e amanteigados até almoço com cardápio variado. Já a Churrascaria Majórica oferece qualidade e tradição no centro histórico de Petrópolis desde 1961, com extensa clientela de admiradores, e traz no cardápio o macio t-bone steak angus e o saboroso bife de chorizo como destaques da casa. Tradição que atravessa décadas, a Casa do Alemão foi fundada em 1945 como Panificação Quitandinha, sob a administração da família Fontaine, que vendia biscoitos amanteigados. Algum tempo depois, um casal europeu se associou ao negócio e inseriu novos produtos no cardápio da casa, que passou a ser conhecida por "a casa daquele alemão", dando origem ao nome atual. Querida na cidade de Petrópolis e com lojas em outras regiões, a marca faz sucesso com o tradicional pão com linguiça e o famoso croquete.

Ao longo do tempo, a região despontou também em razão das áreas que a circundam, mantendo a qualidade da cultura gastronômica. Artistas e empresários ocuparam Itaipava, Araras, Vale das Videiras, Secretário, Areal, Fagundes, Sebollas/Inconfidência e outras localidades, com casas bem projetadas em condomínios bucólicos e de belo paisagismo.

Restaurantes com cozinha de boa qualidade atendem a essa clientela, como é o caso do Clube do Filet, comandado por Odete Barcelos. A dica é provar de entrada as famosas bolinhas de queijo quentinhas, que abusam da crocância, cervejas bem geladas, vinhos de rótulos diferenciados com preço justo disponíveis na ampla adega. No cardápio principal, suculentos filés com molhos saborosos e acompanhamentos que nunca decepcionam. No salão, sempre atenta e receptiva, Odete traduz seu cuidado e dedicação ao restaurante.

INFLUÊNCIAS HISTÓRICAS

Empadas famosas e muito saborosas também fazem sucesso na região. As do Pão e Pão estão entre as melhores. Localizado em Nogueira, o lugar recebe diversos visitantes que provam as "redondinhas" de diversos sabores, as quais derretem na boca. O local também oferece cervejas artesanais e outras iguarias. Como empada agrada desde apreciadores de boteco até crianças e famílias, não há dúvidas de que o sucesso é garantido se ela for bem feita.

A região de Itaipava é um excelente destino gastronômico. Cozinhas bem elaboradas agradam turistas e moradores, como as de Parador Valência, Châteaux des Montagnes, Perugino Gastronomia, Farfarello Restaurante, Parrô do Valentim, Faustino Restaurante, Casa Marambaia e a famosa Ary Delicatessen, ponto de encontro para uma cerveja gelada com atendimento de qualidade.

Vista aérea de Itaipava

Vizinho de Itaipava, cruzando a estrada, chegamos a Secretário, região rural com muitas fazendas que estão sendo desmembradas e transformadas em condomínio. Secretário é um bairro do distrito de Pedro do Rio, em Petrópolis. O nome provém do século XVIII, quando o local era uma sesmaria que pertencia ao secretário da Câmara da Capitania do Rio de Janeiro. Ele era responsável por vigiar, conservar e proteger o caminho que ligava Minas Gerais ao Rio de Janeiro. Com o tempo, surgiram fazendas, vilas, igrejas, escolas, o que fez Secretário passar a ser um ótimo lugar para descansar e fugir da correria da cidade grande.

O Restaurante Lá fica localizado na região e é muito elogiado por sua gastronomia. Mas há outras boas opções para conhecer. É o caso do Galpão Caipira, ambiente agradável para curtir com os amigos, onde a turma do pedal "bate ponto". Há também o Garimpo Secretário, cuja história é divertida e interessante, pois mostra a trajetória do casal Cláudio e Milene. Ele, na época engenheiro na cidade do Rio de Janeiro, construía uma casa de veraneio em Secretário. Ela, decoradora, atuava com a clientela. Como a profissão exigia repor peças decorativas nas residências, ela também comprava das clientes as que não seriam aproveitadas. Com o apartamento na cidade do Rio de Janeiro abarrotado de cadeiras, mobílias e lustres, Cláudio resolveu alugar uma pequena loja no Centro de Secretário para guardar o material. Antiga praça onde funcionava uma feira, o Centro se transformou em um entreposto comercial e, com o tempo, concentrou mercado, bar, comércio de modo geral.

A pequena loja de Cláudio seria inicialmente um depósito, mas as peças despertavam a atenção de quem passava e muitos queriam comprar os produtos. Assim nasceu o Garimpo, loja dedicada à venda de peças decorativas. Para aproveitar o local, Cláudio e Milene levavam vinho e convidavam amigos.

INFLUÊNCIAS HISTÓRICAS

A brincadeira foi crescendo e formando uma imensa clientela, que chegava com suas garrafas para aproveitar o bate-papo. Em alguns eventos, era necessário fechar a rua tamanha a quantidade de pessoas. Até que Cláudio e Milene decidiram alugar uma casa na frente do local. Assim nasceu o Garimpo Secretário, hoje referência na região, com gastronomia saborosa e excelente recepção do casal. No Garimpo, é possível experimentar drinques diferenciados, como a caipirinha de caju, abacaxi, pimenta dedo-de-moça, e saborear um cardápio enxuto, que pode variar a cada fim de semana.

Outra referência histórica na região é o Bar do Cinema, administrado pelo proprietário Cláudio. No cardápio, há somente três tipos de pastel: alho-poró, carne e pizza. E cerveja estupidamente gelada, para beber com o telefone do otorrino na mão, pois a garganta vai inflamar. Cláudio conta que o local era um antigo cinema, desativado com o surgimento do videocassete. Quando criança, ele mesmo frequentou o cinema, por isso o nome faz uma homenagem à antiga sala de exibição.

A região de Secretário conta com um importante crescimento, que valoriza a gastronomia do local. Na Estrada Real, que cruza a região, existe a Vinícola Inconfidência, a primeira do estado do Rio de Janeiro, com videiras perfiladas que proporcionam uma bela vista. A Vinícola recebe visitantes por meio de agendamento em fins de semana e feriados e lá é possível comprar garrafas de vinho produzido no local.

Ainda na estrada, chegamos ao povoado de Sebollas/Inconfidência. Reza a lenda que Tiradentes tinha uma amante fazendeira no local, chamada Mariana, e que uma parte da ossada do líder da Inconfidência Mineira foi encontrada no túmulo dela. Por isso, atualmente há em Sebollas o Museu Tiradentes e a estátua do inconfidente em praça pública. No caminho para o povoado de Sebollas, algumas opções gastronômicas agradam o visitante. Entre elas está o restaurante Costela no Bafo, área aberta com estacionamento, ao lado de um simpático galinheiro. Zara, cadela mansa e carinhosa, faz a recepção da casa. Há combos de costela com diferentes preços e tamanhos, mas todas deliciosas. Destaque também para a cerveja artesanal do restaurante, que leva o nome da casa.

Nova Friburgo, também região serrana do estado, foi um dos primeiros municípios do Brasil a ser colonizado por alemães. Recebeu imigrantes suíços a partir de 1819, vindos do cantão de Friburgo, parte ocidental da Suíça, por isso Dom João VI batizou o lugar de Nova Friburgo. Mury é a porta de entrada da cidade e passagem obrigatória para quem vai a Lumiar e São Pedro da Serra, destinos muito procurados pelo turista que busca descanso em meio à natureza e visita a cachoeiras.

O nome Mury foi homenagem a uma das famílias suíças que colonizaram a região e contribuíram para o desenvolvimento da cidade. Com boa acessibilidade, o local tem vegetação exuberante, com muitos pinheiros e araucárias. O clima ameno de montanha é um convite para aproveitar a boa gastronomia. E não faltam opções de bons bares e restaurantes, produtores de cerveja artesanal, lojas de vinhos.

O restaurante Viva Rô é um deles: sob o comando de Rosane Salcedo e do chef austríaco Harald Riedmann, a casa tem como base a gastronomia germânica e conta com clientela cativa. Por ter atuado ao longo de vinte anos em hotéis na Alemanha, em Portugal e na França, Harald é especializado em culinária alemã. Localizado na estrada principal, o Ouverney é outra boa opção em

INFLUÊNCIAS HISTÓRICAS

Mury. Tem cardápio reduzido, mas de muito sabor, com carnes exóticas, além de amanteigadas, e cerveja artesanal própria. O Bräun & Bräun também segue a tradicional gastronomia alemã, com um legítimo ambiente alpino para os comensais.

Construção histórica em Mury

Em meio à vegetação, em área de preservação ambiental, uma casa rústica com amplo gramado e fogueira preserva boas receitas vegetarianas criadas pelo chef Flávio Stern, feitas com produtos frescos colhidos na horta orgânica do local. O Trilhas do Araçari é uma agradável e diferenciada experiência gastronômica para quem busca comida de qualidade e convívio com a natureza.

Muitos outros estabelecimentos oferecem boas opções para o visitante em Friburgo, lugar para quem procura clima de serra, favorável para apreciar uma boa gastronomia.

Não somente de alemães e suíços vive a serra. Maria Emília e o esposo, José Hisbello Campos, comandam o Dona Irene em Teresópolis, restaurante especializado em culinária russa. O ineditismo começa pelo banquete, servido à moda das refeições oferecidas aos czares do século XIX. O cliente precisa fazer a reserva com antecedência, e o ritual é iniciado com 15 entradas frias, entre elas o arenque marinado. Logo em seguida, são servidos sopa à base de beterraba e pastel de carne, além de entradas quentes. Maria Emília é brasileira, mas acompanhou de perto o trabalho do falecido casal de siberianos Mikhail e Eupraxia Smolianikoff, os quais chegaram ao Brasil nos anos 1960 e foram os primeiros proprietários da casa. Teresópolis é muito conhecida por abrigar a famosa Granja Comary, local onde se concentram seleções da Confederação Brasileira de Futebol (CBF), e preserva boa rota gourmet, como a Vila St. Gallen, o charmoso restaurante Viva Itália, o Caldo de Piranha, o Nando Comida Descolada, entre outros.

Modismo dos anos 1980 que veio para ficar, a onda saudável chegou com as academias e trouxe com ela a culinária que se tornou muito popular na cidade do Rio de Janeiro. Podemos citar casas da época que viraram points nos bairros cariocas, como Luiza Saladas, na Barra da Tijuca; Alfaces e Filet e Folhas, no Jardim Botânico; Sabor Saúde, no Leblon; além da badalada Barraca do Pepê, com seu sanduíche natural famosíssimo assinado na época pelo esportista Pepê Lopes, que nos deixou ainda muito jovem em decorrência de um acidente trágico de voo livre.

Vila St. Gallen

Mais tarde aperfeiçoada e denominada vegana, a comida natural teve como berço o Rio de Janeiro, considerado capital nacional da gastronomia saudável do país. Juntou-se a isso o crescimento da gastronomia japonesa, desde os restaurantes tradicionais até as modernas temakerias.

No embalo dos anos 1990, o movimento da alimentação natural ganhou força com o reconhecimento de nossa gastronomia local, a cozinha com identidade regional. Os chefs de cozinha foram também importantíssimos nesse processo, pois ganharam voz em jornais, revistas, televisão, internet e redes sociais, e assim expressaram todo o reconhecimento ao pequeno produtor, ao agricultor, à agricultura familiar local. Hoje temos, por exemplo, na cidade de Petrópolis, o Caminhos do Brejal, pequena área rural onde é produzida a maioria dos orgânicos que abastece a cidade do Rio de Janeiro diariamente. Lá há plantação de flores, ervas e colheita de verduras bem frescas, recém-saídas da terra. Já o Circuito do Brejal conta com passeio programado para receber os visitantes que desejam conhecer as propriedades, entender o cultivo e apreciar uma boa resenha com os produtores.

Desde 2001, Teresa Corção, chef embaixadora do Senac RJ e especialista em Cozinha Brasileira, é uma das forças do slow food no Brasil, pois valoriza os alimentos da agricultura local, com agricultores extrativistas e pescadores regionais, preservando o manejo sustentável. Teresa é uma das fundadoras do Instituto Maniva, organização não governamental sem fins lucrativos que atua com agricultores, cultura do alimento, cozinheiros e consumidores.

O Instituto cumpre um papel fundamental para o estímulo e o acesso à alimentação saudável e sustentável. Esse movimento tem sensibilizado outros profissionais da gastronomia, estimulando projetos e ações que corroboram para o desenvolvimento local sustentável, fundamental para a boa governabilidade e sustentabilidade da pequena agricultura familiar e do pequeno produtor regional.

BOTEQUINS CARIOCAS

Não há como falar sobre gastronomia carioca sem mencionar os icônicos e adoráveis botequins, muito tradicionais na cidade e com inúmeras histórias em suas trajetórias. No Rio de Janeiro do passado, a "turma" se soltava nas ruas em busca do prazer de beber e se refrescar. Apenas quem dispunha de alto poder aquisitivo podia se dar o privilégio de morar em ambientes com conforto. A grande maioria da população residia mal, o que era notado sobretudo durante as estações quentes, quando a casa se transformava em um ambiente de muito calor, sem elementos que pudessem amenizar a situação, como condicionadores de ar ou ventiladores.

Quando anoitecia, era comum ver as famílias nas janelas para se refrescar ou mesmo em cadeiras na calçada, em frente ao portão, para apreciar o movimento da rua, papeando até o sono chegar com os primeiros bocejos. Na casa sem muito conforto, em geral, permaneciam apenas mulheres e crianças. Os homens iam para as ruas espairecer, procuravam ambientes arejados como jardins de teatros, bancos de praça, cafés e, principalmente, bares. E, assim, se entregavam ao destino poético da noite, retornando somente de madrugada. Arejar-se na noite do Rio de Janeiro naquela época era um prazer e tanto.

Os botequins eram um templo para onde se podia fugir do cotidiano familiar. A preferência era a bebida portuguesa, os fortes vinhos procedentes do Porto e da Madeira, considerados os melhores, bem como a aguardente de cana, entre outros produtos da indústria lusitana. A cerveja tentava fazer sua entrada triunfal nos hábitos do brasileiro, mas enfrentou dificuldades no caminho. Produtor de vinhos, Portugal não permitia, até 1822, que entrasse outra bebida no país. Os negociantes de vinho estrangeiro faziam campanhas relutantes e, nas humildes tendas, recusava-se ao freguês a bebida que o público apelidara de "virgem loira". A aguardente, a cachaça, a boa pinga, o vinho português eram os mais pedidos nos balcões e nas mesas.

Vários nomes eram criados quando misturavam-se as bebidas. Se à aguardente fosse adicionado um pouco de fernet ou bitter, ela passava a se chamar "Patrícia de bordões dourados". Pedia-se a genebrina, a laranjinha, a ginginha, feita de ginger ale. O absinto denominava-se "O prêmio do céu". O uísque era tratado gentilmente de "cavalinho" ou "água de Nossa Senhora". O importante era beber; quanto mais fortes e carregados de álcool fossem os líquidos, melhor.

A produção de cerveja iniciou por aqui no século XIX, elaborada pelos alemães. No Rio de Janeiro, antes da República, já se bebia a cerveja brasileira e, apesar da campanha contra ela, as fábricas se multiplicavam gradativamente. Foram lançadas quatro grandes marcas: Brahma, Franciscana, Bock-Ale e Guarany, vendidas como chope em canecas de vidro. Além disso, havia ainda os canecões bojudos, feitos em barro cozido, branco, com tampos de metal.

Surgiram posteriormente as marcas Teutonia, Bramina, Cristal, Cavaleiro, Malzbier e Fidalga, também em chope. E, assim, a cerveja foi ganhando cada vez mais adeptos e satisfazendo o gosto popular. Por incrível que pareça, naquela época a cerveja era indicada pelos médicos para curar problemas nos rins, bexiga preguiçosa e problemas de digestão. Com pouca quantidade de álcool se comparada a outras bebidas, a cerveja era a menos prejudicial. Além disso, sua levedura era imensamente benéfica para o organismo.

A primeira cervejaria do Brasil foi a Cervejaria Bohemia. Algumas unidades se expandiram por todo o país com enorme sucesso. Nos últimos tempos, houve um aumento significativo de cervejarias artesanais em diversas regiões. No estado do Rio de Janeiro, em especial, existe um número expressivo de "paneleiros" – os que produzem a cerveja para consumo próprio. Há também os "ciganos" – paneleiros que levam a própria receita para produzir a cerveja em alguma cervejaria licenciada e, assim, com o produto engarrafado e legalizado, comercializá-lo no mercado.

Há, ainda, o pequeno empreendedor, que investe e monta a própria cervejaria. Leonardo Botto é um conhecido professor, pioneiro em formar alunos cervejeiros no Rio de Janeiro – podemos considerar que a primeira geração de cervejeiros artesanais da cidade passou pela sala de aula do mestre Botto. O mercado das cervejas artesanais está cada vez mais aquecido, inclusive com incrementos na legislação para atrair e motivar novos empreendedores. Os clientes e aficionados das novas receitas artesanais dos talentosos produtores adoram acompanhar as inúmeras rotas cervejeiras que existem no mercado. O beer sommelier Gustavo Renha, um dos estudiosos do tema no Rio de Janeiro, organiza viagens com visita a fábricas e sempre apresenta boas novidades para o público consumidor e apreciador.

Cervejaria Bohemia, em Petrópolis

Mas, de volta ao passado, os pequenos bares se espalhavam pela cidade do Rio de Janeiro. Para longas conversas, havia os cafés, onde poetas liam sonetos simbolistas e maledicentes profissionais "recortavam" a vida alheia ao redor das mesas redondas. Entre os bares mais notáveis, além da Salsicheria, de Henrique Heitman, havia o Bar Adolph com o melhor chope da área, fundado por Jacob Wendling e que ao longo de sua história se tornou o consagrado Bar Luiz. O chope Brahma da casa era bem cotado e elogiado, com destaque também para o do Americana e o do Bar Nacional, que conquistavam a preferência dos boêmios.

Fundado em 1887, época do Brasil Império, o Bar Luiz – um bar germano-brasileiro – foi tombado como patrimônio histórico da cidade do Rio de Janeiro. Berço da boemia carioca, foi pioneiro em reunir pessoas à mesa para beber chope com boa conversa, hábito bem carioca. Seu primeiro endereço foi uma loja em um corredor estreito na rua da Assembleia, depois se mudou para a rua da Carioca. No cardápio, uma boa variedade, sempre privilegiando a culinária alemã. Destaque para a salada de batatas, um dos pratos campeões de vendas; o salsichão; o bife à milanesa, que era bem servido e cobria todo o prato; e os ícones kassler (bisteca de porco defumada) e eisbein (joelho de porco defumado).

Eleito por anos o melhor chope do Rio de Janeiro, o Bar Luiz sempre foi frequentado por artistas, escritores, jornalistas, músicos, além de ter sido palco de vários políticos em movimentos marcantes na Cinelândia, como o Diretas Já; era lá que todos se reuniam quando a manifestação acabava. Ao longo do tempo, o bar foi ganhando notoriedade. Em seu livro de presença, é possível encontrar nomes como o do cineasta francês Roman Polanski entre os visitantes.

Com a mudança da capital para Brasília e a migração da Bolsa de Valores, anos depois, para São Paulo, a cidade do Rio de Janeiro acabou passando por mudanças no cenário econômico. Em 2013, o Bar Luiz começou a demonstrar deficiência financeira e, em 2019, anunciou seu fechamento. Isso só não se concretizou de imediato porque os clientes prometeram aumentar a fidelidade à casa.

Em março de 2020, no entanto, a pandemia obrigou o governo a decretar lockdown. Isso fez com que os estabelecimentos fechassem temporariamente as portas. Após a liberação, as pessoas se sentiam inseguras para sair de casa e o movimento esvaziou por completo. Rosana Santos, empresária aguerrida, geriu o Bar Luiz nos últimos 37 anos. Cuidadosa e sempre preocupada em manter a qualidade da casa, fez de tudo para preservar a história do local que já foi o segundo escritório de Jaguar e Ziraldo na época do jornal *O Pasquim*, ponto de encontros frequentes de Moacyr Luz, João Nogueira, Paulinho da Viola, além de mesa cativa do radiador e compositor Ary Barroso. Mais que inspiração para escrever, o Bar Luiz tem uma história de respeito na memória da cidade do Rio de Janeiro.

Considerado a Montmartre carioca, com antros de jogatina e malandragem, cassinos famosos e cafés que "viravam" a madrugada, o bairro da Lapa, em sua plenitude no período de 1930-1938, abrigava compositores famosos como Assis Valente, Germano Augusto, Kid Pepe e Noel Rosa, bem como escritores, artistas plásticos, malandros, políticos. Era reduto de mulheres que animavam os cabarés cheios e, quando "desfilavam" pelos cantos da rua Mem de Sá, eram apreciadas por homens que viravam a cabeça ao vê-las passar e aceitavam o comércio do prazer.

Arcos da Lapa

A Lapa era o território das famosas casas noturnas. Passaram também por ali homens como Manuel Bandeira, Portinari e Vinicius de Moraes. A Lapa dos poetas, dos boêmios, dos músicos. Era o bairro que, à noite, transformava-se em uma grande festa, com prostituição, malandros famosos; o Rio com vestígios da Belle Époque, onde tudo era mais poesia.

Segundo o cronista e compositor Aldir Blanc, que foi um profundo conhecedor de botequins, na esquina da rua das Marrecas com a rua do Passeio havia um café que nunca fechava, onde era possível deixar recados, "armar" algo ou fazer hora. Os botequins cariocas prosperavam, tornavam-se espaços de acolhimento para os boêmios, mas também eram locais para o café da manhã do trabalhador – após sair de casa e antes de ir para o trabalho, ele passava no botequim para tomar café e se sentava para ler o jornal. Essa permanência para leitura das notícias do dia tornou-se um problema para os proprietários, que desejavam mais rapidez no giro da mesa, para faturar. O cliente ficar sentado lendo o jornal atrapalhava o fluxo. A solução foi retirar mesas e cadeiras, daí surgiu o café no balcão – que era mais rápido – e o hábito de marcar pequenas reuniões ou uma conversa rápida, o que acabou se tornando o "cafezinho em pé".

Com os anos, o botequim passou a ser também local para almoço, com pratos específicos como o clássico filé com batata-portuguesa, arroz com brócolis; os tradicionais petiscos como bolinho de camarão, caldinho de feijão, sopa de ervilha, mocotó, caldo verde; aperitivos; salgadinhos como coxinha, ovo cozido colorido no tabuleiro, misto-quente, pastel, bolinho de bacalhau, empada.

Bares do Rio

Alguns tinham espaços mais amplos, como o tradicional Café Lamas, reduto de jornalistas, inaugurado em 1874 e que segue firme até hoje. É o típico lugar onde, ao entrar, nos sentimos em um túnel do tempo. Os garçons, a arquitetura, as louças, a postura dos funcionários: um verdadeiro clássico carioca. Até mesmo a cidade de São Paulo usou o Rio de Janeiro como inspiração para seus famosos bares: o Filial; o Pirajá; os extintos Genésio e Genial – o nome deste último foi formado pela mistura de Genésio e Filial, de propriedade do produtor cultural Helton Altman –; o Bar São Cristóvão, que tem acervo prodigioso de camisas de futebol profissional doadas carinhosamente por ex-atletas; apenas para citar os que estão no bairro boêmio Vila Madalena. Se algum dia você visitar um bar na Vila Madalena, não se surpreenda se esbarrar com os irmãos e sobrinhos do Raí, ex-jogador de futebol profissional, tetracampeão mundial pela seleção brasileira e que já defendeu o São Paulo e o Paris Saint-Germain. Sóstenes, Raimar, Vieirinha, Gabriel, Gustavo, Duzão (esses dois últimos filhos de Sócrates) costumam frequentar as boas casas do bairro.

É bar ou botequim? O importante é ter cerveja e chope gelados.

A partir dos anos 1990, a zona norte consolidou sua gastronomia e foi reconheci-da por seu espírito carioca de boteco. Ao longo do tempo, os botequins cariocas de subúrbio, dos bairros afastados da orla turística das praias, começaram a atrair visitantes para um inusitado roteiro de gastronomia popular, legitima-dos em seu território de origem e apadrinhados por baluartes do samba como João Nogueira, Aldir Blanc, a turma do Cacique de Ramos, Moacyr Luz e um dos apreciadores mais jovens e mais atuantes, Gabriel Cavalcante, o Gabriel da Muda, cantor carioca do Samba do Ouvidor e do Samba do Trabalhador.

Esse movimento transformou ainda mais a zona norte em uma rota saborosa dos cariocas da zona sul e turistas de várias procedências. Guilherme Studart, autor do guia *Rio botequim* e estudioso apaixonado pelos bares cariocas, chegou a organizar passeios de van para apresentar os antológicos botecos da zona norte. Berg Silva (*in memoriam*), fotógrafo especializado em gastronomia, rubro-negro fervoroso e profundo conhecedor dos botecos de subúrbio, também organizou excursões.

Nascido e criado em território de origem popular, Berg era autoridade em rela-ção a bons endereços da boemia carioca. Para citar alguns deles, o Aconchego Carioca – conhecido pelo famoso bolinho de feijoada e administrado pela chef Katia Barbosa – tem enorme popularidade, assim como seu ilustre vizinho lo-calizado na calçada oposta, o Bar da Frente, comandado por Mariana Rezende.

No bairro do Cachambi, o famoso Cachambeer é considerado uma instituição da cidade, sob o comando de Marcelo Novaes. Aos sábados, a casa abre ao meio-dia e, por mais que você se programe para chegar cedo, com certeza vai encontrar uma fila antes mesmo da abertura. Enquanto aguarda, pode pedir em pé na fila porções de pastéis com recheio farto de camarões. Ao longo da calçada em frente ao estabelecimento, é possível observar diversas churrasqueiras tambor, sobre as quais repousam saborosas costelas cuidadosamente embrulhadas. De vez em quando, um funcionário abre os tambores um a um para fazer a conferência padrão e deles sai uma fumaça intensa, a qual aumenta ainda mais a expectativa de degustar aquela carne suculenta, macia e saborosa que praticamente derrete na boca. As costelas no bafo do Cachambeer marinam durante 24 horas e assam por 12 horas, isso explica o grande sucesso. O chope do bar também é um capítulo à parte, sempre cremoso e com borda quase congelante.

Maria da Graça é um bairro vizinho de Cachambi, e ali temos o clássico Bar da Amendoeira, muito bem-posicionado, cuja frente abriga a imponente árvore inspiradora de seu nome. Além do bom chope Brahma gelado e do bom menu de petiscos, a casa tem uma bela decoração que remete à arquitetura do passado, com clássicos cobogós vazados nas cores preto e amarelo, os quais favorecem melhor ventilação e luminosidade, alternados com azulejos em tom azul-turquesa. A parede de fundo do balcão é esverdeada, bem clarinha. Não poderia faltar no alto da parede a imagem de São Jorge em seu cavalo, presente em diversas boas casas do ramo, sempre com uma pequena lâmpada vermelha para proteger o estabelecimento.

Outro craque da costela e do bom chope gelado, o Zinho Bier também é um digno representante dos bons serviços de boteco do Rio de Janeiro, em Benfica. Em geral, às sextas-feiras o bar costuma receber para almoço diversos empresários e gerentes de empresas, que aproveitam para celebrar o fim de semana que já se aproxima. Ainda em Benfica, há o famoso mercado municipal Cadeg, tradicional entreposto popular com boas ofertas de bacalhau, carnes suculentas, opções para "beliscar" e tomar uma cerveja gelada. É possível ainda comprar vinhos com preço acessível, em sua maioria rótulos de procedência portuguesa, além de flores, laticínios, cereais, frutas, legumes, entre outros.

É na Cadeg que o Cantinho das Concertinas faz sucesso. Com base culinária portuguesa, a casa oferece sardinhas com batatas, postas bem servidas de bacalhau na brasa com azeitona preta e cebolas, regado à vontade no azeite. Na parede, decoração com apetrechos da terrinha e muitas fotos em quadrinhos, com registro de clientes e famosos que passam por ali.

O Bar Madrid, valioso endereço da gastronomia de boteco na Tijuca, fica em uma pequena e simpática rua com casas antigas e movimento muito tranquilo. Administrado pelos primos e sócios Felipe e André Quintans, netos de espanhóis, o estabelecimento apresenta na decoração uma parede com fotos históricas afixadas, uma faixa do Real Madrid, uma fotografia de Leonel Brizola e outra de Julio Iglesias. Além, é claro, de ter um cardápio de petiscos de sucesso e ampolas em temperaturas espetaculares.

Bem perto dali, Antônio Carlos Laffargue, conhecido por Toninho do Momo, "pilota" as bocas do fogão do queridíssimo Bar do Momo – grande patrimônio da cidade do Rio de Janeiro, referência absoluta quando falamos de uma primorosa gastronomia de boteco, com diversos prêmios acumulados em concursos e um indiscutível reconhecimento do carioca pela legítima culinária de botequim. Na mesa do Momo, é comum encontrar o prefeito Eduardo Paes como freguês assíduo, degustando alguma iguaria saborosa.

O bar oferece uma feijoada para lá de elogiada, um bolinho de arroz feito de costela de boi desfiada, um luxo só. Segundo registros, o pai de Toninho era conhecido por Tonhão e comprou o estabelecimento em 1987 de um rei momo, daí o nome de batismo do lugar. O eterno mestre Ricardo Amaral, em seu livro *Histórias da gastronomia brasileira: dos banquetes de Cururupeba ao Alex Atala*, publicado em 2016 em coautoria com Robert Halfoun, escreveu a seguinte frase: "Para entender como a cultura e a culinária de botequim caminharam nas últimas décadas, além da importância delas na história da gastronomia brasileira, basta passar uma tarde no Bar do Momo."

No bairro do Maracanã, o Bode Cheiroso funciona sob a administração de Leonardo Soares, carinhosamente chamado de Lelê, e apresenta ao público sua tradicional "barra de cereal" – um belo torresmo crocante na vertical, para acompanhar uma cerveja gelada. O bar tem clientela fiel e assídua e é considerado referência no segmento de botecos do Rio de Janeiro. O estabelecimento surgiu nos anos 1940, inicialmente com o nome Bar Macaense, e tornou-se Bode Cheiroso quando os alunos com deficiência visual do Centro Municipal de Reabilitação Oscar Clark, localizado próximo ao bar, reclamaram do forte cheiro de urina do banheiro em dias de jogos no estádio Maracanã. Desde então, o banheiro passou a ter rigorosa limpeza, deixando o odor de desinfetante no ar e a frequente sensação de mictório limpo e bem cuidado. Uma das curiosidades do Bode Cheiroso é que, em dias de jogos do Flamengo no Maracanã, o bar não abre. Como o proprietário é vascaíno, possivelmente evita aglomeração da torcida rival em seu território.

Mais um endereço imperdível para o acervo e patrimônio de botecos do Rio de Janeiro, o Velho Adonis merece uma visita especial. Também em Benfica, o bar está situado bem ao lado da famosa "rua dos lustres", conhecida por reunir diversas lojas de iluminação uma ao lado da outra. É possível unir o útil ao agradável: depois de fazer compras para decorar a casa, você pode parar o carro no estacionamento que dá acesso às duas ruas e já "dar início aos trabalhos". Pedir uma formosa empada de camarão de entrada, um chope bem gelado e mandar preparar um jiló especial.

No bairro do Estácio, abençoado por Luiz Melodia, na garagem de uma casa nasceu o Costelas, bar do chef Rodrigo Mendes. É o endereço certo para quem aprecia iguarias inusitadas e saborosas, como a pipoca de porco, barriga de porco crocante e temperada no torresmo; a costela crocante, costela suína assada e defumada na churrasqueira, empanada em farinha panko e frita; a costela bovina desfiada, com aipim salteado na manteiga de garrafa; o parmegiana suíno aperitivo; além de batidas e boa cerveja gelada. Com seu espírito empreendedor, Rodrigo tem uma incrível história de superação por elaborar o projeto de construção do Costelas com a família logo após um grave problema de saúde. Em 2021, o bar saiu da garagem e mudou-se para a Praça da Bandeira, cercado de bons vizinhos do ramo.

Conhecida por "musa das panelas", Luiza Souza tem talento para a cozinha e muito bom humor. Ainda muito jovem, começou a vida fazendo salgados para fora a fim de complementar a renda de casa. O tempo passou e ela aprimorou os dotes culinários, montando o querido Bar da Gema. Com cardápio bem variado, a musa "manda bem" na dobradinha com feijão-branco, no bobó de camarão, na rabada com agrião, nas coxinhas, croquetes, empadas... Tudo feito com amor, capricho, dedicação e muito sabor. A casa da talentosa musa paneleira fica no Maracanã.

Com reconhecida relevância histórica de um legítimo boteco de subúrbio, o Bar da Portuguesa, em Ramos, tem na recepção uma bela estátua em homenagem a Pixinguinha, criada e desenvolvida pelo talentoso chargista Ique. O compositor era frequentador assíduo do estabelecimento comandado por Donzília Gomes, portuguesa radicada no Brasil desde 1968 e com prodigiosa habilidade em culinária lusitana para criar o cardápio da casa, do qual se destacam o bolinho de aipim com carne-seca, o bolinho de bacalhau, o pastel de camarão, entre outros.

Vizinho do Aconchego Carioca e do Bar da Frente, o Dida Bar é o típico boteco-raiz, que poderia ser perfeitamente confundido com algum estabelecimento de Windhoek (Namíbia). Comandado por Dida Nascimento, talvez seja o boteco do Rio de Janeiro que mais se aproxima da alma namibiana. O samba legítimo das referências de Tia Ciata, a "pegada" de uma comida africana bem temperada, com sabor encorpado. Moqueca de camarão, feijoada e diversos petiscos fazem sucesso com a clientela.

Ainda na Praça da Bandeira, o Bar e Lanchonete Rex é uma opção rústica e saborosa. A imponente churrasqueira de carvão fornece galetos e frango assado de carne suculenta e pele tostada. Na vitrine da casa, é possível visualizar uma bela rabada com batatas coradas de grande sabor. Cadeiras e mesas na calçada acolhem os clientes fiéis. Destaque para o banheiro masculino, muito semelhante ao de qualquer aeronave de classe econômica. Vale a pena visitar o bar.

Ao pensar no bairro Vicente de Carvalho, os comensais de plantão o associam de imediato a um adorado prato de bacalhau. A Adega D'Ouro é uma casa famosa não somente por essa iguaria lusitana mas também pelo ambiente tradicional, o qual ainda preserva os históricos bancos redondos que servem de assento no longo e imponente balcão. Seu Neca (*in memoriam*) comandou a adega até 2017 e se orgulhava de receber os clientes e oferecer preparos de base portuguesa, conquistando-os cada vez mais. Após seu falecimento, o estabelecimento passou a ser administrado pelos filhos.

GASTRONOMIA DO RIO DE JANEIRO

É impossível falar sobre boteco no Rio de Janeiro e não citar Paulo Mussoi. Quando se senta diante do computador para escrever crônicas sobre suas andanças pelo Rio de Janeiro, Paulo atende pelo nome Juarez Becoza, pseudônimo usado na época em que ele era titular de uma coluna no jornal *O Globo* e escrevia sobre botequins. Becoza hoje é colaborador da *Veja Rio* e presta um bom serviço aos boêmios ao informá-los e atualizá-los sobre os espaços etílicos e sagrados da cidade.

Paulo é um daqueles bons jornalistas que fizeram escola como estagiários na Avenida Brasil 500, onde funcionava o extinto *Jornal do Brasil*. Curioso e estudioso, ele conhece cada bar da cidade como a palma da mão, principalmente os da zona norte e do subúrbio, além de ser muito respeitado e querido pelos donos de bares. Faz curadoria e produz diversos projetos na cidade, como o Jogos de Botequim, espécie de olimpíada de boteco denominada por ele "esportes típicos de bar e de boemia", em que as pessoas competem em diversas modalidades, como porrinha, totó, baratona, pega-bolacha, dardo, corrida de bandeja e outras invenções, por exemplo o espetacular *pit stop* de barril, em que uma equipe de "mecânicos" deve fazer a troca de um barril de chope no menor tempo possível.

Com muita criatividade, inteligência e bom humor, Paulo Mussoi é uma força relevante na cultura de boteco carioca e carrega com ele muita gente competente, como Bruno Magalhães, que atuou por bastante tempo na cozinha do Miam Miam. Bruno decidiu abandonar a alta gastronomia para abrir o botequim Botero, o qual fez história no Mercadinho São José, e criou a Liga dos Botecos, reunindo assim em um só lugar as iguarias icônicas do Cachambeer, do Bar da Frente, do Bar do Momo e do próprio Botero; Marcelo Novaes, do Cachambeer; Felipe Quintans, do Bar Madrid; Sérgio Rabello, do Galeto Sats;

Mariana Rezende, do Bar da Frente; Antonio Lafarge, do Bar do Momo; Katia Barbosa, do Aconchego; Paulinho e sua mãe, Donzilia, do Bar da Portuguesa; Omar, do Bar do Omar; Beth e Sérgio, do Pavão Azul; Marcelo Paulos, da Adega Pérola. Além do antropólogo Paulo Thiago de Melo e do economista Guilherme Studart, estudiosos do tema. Todos eles cumprem papel fundamental para o reconhecimento da cultura de boteco no Rio de Janeiro.

Além de boas opções gastronômicas em diversas versões, seja na rede hoteleira de luxo concentrada na orla, seja na cozinha autoral de chefs franceses, italianos, portugueses e de várias outras nacionalidades, na zona sul do Rio de Janeiro há também o botequim de saída de praia, como o chope gelado da turma do Bracarense, comandado por Kadu, sucessor de Seu Carlos, um dos fundadores. Em São Paulo, no bairro do Itaim, recentemente foi aberto o Braca – versão paulistana do Bracarense na terra da garoa –, que conta com clientes assíduos como o jovem João Pedrosca, nascido no Rio de Janeiro, mas com vida profissional ativa em São Paulo e, por ironia do destino, alocado no prédio da Ambev, vizinha de frente do Braca.

No Leblon, com mesas espalhadas pela calçada e balcão com chopeira Brahma imponente, o Bracarense é reduto de moradores da região que gostam de se sentar ali para um bom chope gelado e apreciar o movimento da rua. O sanduíche de pernil com queijo e abacaxi, boas caipivodcas e uma boa linha de salgados, cujo carro-chefe é o bolinho de aipim com camarão e catupiry, fazem sucesso na casa, bem como o chope gelado. Foi ali que surgiram a cozinheira Alaíde e o garçom Chico, que após atuarem por muitos anos no local montaram o bar Chico & Alaíde, de tremendo sucesso. Mas anos depois acabou fechando as portas.

Já o Belmonte, do ex-garçom recém-chegado do Ceará Antônio Rodrigues, persistiu após muita dedicação e força de trabalho do proprietário, que juntou as economias para realizar o sonho de ter o próprio negócio. Não demorou muito para o bar virar uma rede, com várias unidades nos mais diversos bairros da cidade. Sempre concentrando uma turma jovem, com bons petiscos e chope gelado. Recentemente, o Belmonte adquiriu o tradicional Amarelinho, na Cinelândia, e o Nova Capela. A operação do novo Amarelinho continua a mesma, a do Nova Capela mantém parte do cardápio original, com o famoso cabrito. O Belmonte inaugurou também uma nova unidade na praia de Ipanema, com vista deslumbrante da orla carioca. Antônio também assumiu o Boteco da Garrafa, na Lapa e em Copacabana; o Antonio's, na Lapa; e o excelente bar de drinques El Born, em Copacabana.

O tradicional Jobi, situado há décadas em ponto nobre no Leblon, concentra clientela fiel e antiga. Foi lá que o DJ e vascaíno Maurício Valladares, também fotógrafo oficial da banda Paralamas do Sucesso e de outros artistas, cliente assíduo do local, ajudou a revelar o famoso garçom Paiva, que já aposentou a bandeja.

O Bar Lagoa é o tipo de estabelecimento considerado patrimônio dos cariocas. Por décadas, mantém-se como ponto de encontro para amigos, paqueras e celebrações. Apesar da fama de ter garçons mal-humorados, a casa atravessa o tempo mantendo a qualidade do chope e dos petiscos. Com localização privilegiada, em frente à lagoa Rodrigo de Freitas, o bar é muito querido pela extensa lista de clientes e frequentadores.

GASTRONOMIA DO RIO DE JANEIRO

Na categoria restaurante, mas com "pinta" de bar, vale citar a histórica esquina mais badalada da Gávea, onde ficava o extinto Hipódromo Up, que fez muito sucesso por décadas servindo um chope bem tirado, petiscos, pratos com carnes e uma boa pizza, hoje ocupada pelo Brewteco e seu vizinho ilustre e tradicionalíssimo Braseiro da Gávea, que resiste até hoje com um movimento de clientes que sempre provoca filas – ponto de encontro de artistas, intelectuais, pessoal do teatro e uma turma sempre bonita e animada. O Braseiro tem aquele chope gelado padrão três dedos de creme (e não espuma), que molha imediatamente a toalha de papel. No cardápio, linguiça, picanha, farofa de ovos com banana, arroz com brócolis e a clássica batata-portuguesa bem sequinha e crocante.

É claro que você vai sentir falta de outros bons empreendimentos cariocas na lista: o icônico Cervantes, que "vira" as noites em Copacabana; a querida Academia da Cachaça no Leblon e sua filial na Barra da Tijuca; o Bar do Mineiro em Santa Teresa; o Beco das Sardinhas; a Casa Paladino, com a linda estante de fundo espelhado e pé direito alto; o Gato de Botas, de Seu Agostinho, em Vila Isabel, com balcão repleto de acepipes, como fígado de frango, carne-seca, marisco, moela, barriga de porco, torresmo, pernil, moela... e uma cerveja gelada de deixar qualquer um feliz. É impossível esquecer também o sanduíche de pernil do Opus Bar, que tem uma trajetória histórica no Centro da cidade há mais de 50 anos; o cachorro-quente do Café Gaúcho; o Codorna do Feio, em Engenho de Dentro; o premiado Bafo da Prainha; o Bar do Zeca Pagodinho, que leva o nome do famoso e carismático sambista, e consegue transportar muitos elementos de subúrbio para a zona sul carioca, principalmente com uma nova geração de sambistas e compositores; o Bar do Zeca, com prodigiosa curadoria de Toninho do Momo; o Bar Enchendo Linguiça, no Grajaú, frequentado pelo jornalista Rodolfo Schneider, da Band News; o filé Nicola do Balaio

BOTEQUINS CARIOCAS

do Zé, no Flamengo, comandado pelo Alexandre; o Arataca, em Copacabana, frequentado por Júnior, eterno maestro rubro-negro; a Cobal, no Humaitá; o lendário Bar Urca, fundado em 1939 e que conseguiu transformar a mureta do bairro em referência histórica para os visitantes; Tadeu e Matheus, que pilotam o Choppempé com sua tulipa bem tirada e o suculento sanduíche de mortadela no Mercado de Produtores, na Barra. São muitos espaços, com muitas histórias, o que seria suficiente para escrever uma imensa enciclopédia. Os citados aqui, no entanto, representam tantos outros e expressam a potência dos botequins da cidade.

Happy hour na mureta da Urca

COMER E BEBER NA CIDADE MARAVILHOSA

No período em que a cidade do Rio de Janeiro era a capital do Império, proliferavam confeitarias, cafés, botequins e restaurantes, sempre com a permanente influência portuguesa. Naquela época, o Centro do Rio era um importante território de modismos, de crescimento urbano. Era comum as pessoas se arrumarem para "ir à cidade", a um encontro importante, uma consulta médica ou até mesmo para um passeio.

Os restaurantes tradicionais ofereciam pratos à base de bacalhau, outros apresentavam a feijoada, considerada "herança" dos escravizados africanos e que, no decorrer dos anos, foi passando por alterações e tornou-se um típico prato carioca, servida com uma boa caipirinha. Ainda hoje, a feijoada é muito presente em diversas reuniões e celebrações, principalmente no almoço de sábado. Muitos restaurantes a oferecem em cardápio fixo alguns dias da semana, por vezes acompanhada de uma boa roda de samba.

Ao longo do tempo, o Rio de Janeiro desenvolveu sua vocação para o balneário do entretenimento, da beleza natural. A cidade dos poetas, artistas, intelectuais.

O Rio da bossa nova, que teve seu marco simbólico na Casa Villarino, no Centro da cidade. O local sempre teve boa frequência de artistas, jornalistas, diplomatas, músicos, intelectuais. Com localização privilegiada, vizinha da Academia Brasileira de Letras, do aeroporto Santos Dumont, de gravadoras importantes da época, assim como rádios que faziam muito sucesso, do teatro municipal e da Cinelândia nos tempos em que o Rio era capital federal da República.

Foi no Villarino que Vinicius de Moraes e Tom Jobim se conheceram, em 1956, apresentados pelo jornalista Lucio Rangel. Vinicius procurava alguém para musicar sua obra "Orfeu da Conceição". O jovem Tom era um rapaz que tocava piano na noite, um músico desconhecido do grande público. A partir daí, todos conhecem a história: nasceu uma das grandes parcerias da música popular brasileira. E, como diz o jornalista Joaquim Ferreira dos Santos, o primeiro uísque da bossa nova foi tomado na Casa Villarino.

Restaurante-escola Casa Villarino | Senac RJ

GASTRONOMIA DO RIO DE JANEIRO

O Rio de Janeiro do Arpoador, do futebol no Maracanã, da batida do Oswaldo no Joá, da sinuca em um botequim no Andaraí, da roda de violão em Vila Isabel. O Rio sempre teve personagens inusitados, que desenvolveram enorme identidade com a cidade. Ricardo Amaral é um deles. Empreendedor desbravador que tem a cara do Rio de Janeiro, ele montou o Club Hippopotamus, a Gattopardo, a Boate Papagaios e tantos outros empreendimentos de sucesso.

Nos salões do Hippo, os fotógrafos Ronaldo Zanon, Armando Gonçalves, Paulo Jabur, Cristina Granato, Vera Donato faziam cobertura social para os grandes veículos de imprensa da época. Sim, naquele tempo já existia o colunismo social, registro das festas e dos agitos da sociedade. O jornalista Ibrahim Sued também era um baluarte carioca, um dos pioneiros no colunismo social, sempre com uma informação de bastidor em tom sarcástico. Muito bem relacionado e de muita personalidade, ele trajava sempre uma camisa de tecido extravagante com gola larga, cujos botões desabotoados mostravam a corrente de ouro que descia do pescoço ao meio do peito. Tinha um vocabulário próprio, com voz elegantemente rouca, repleto de frases autênticas: "à *demain* que eu vou em frente, de leve, porque cavalo não desce escada." Era um jornalista que perambulava por estabelecimentos na noite carioca em busca de notas.

Naquela época, jornalistas não ficavam sentados diante do computador da redação buscando informação na internet. Eles precisavam ir à rua fazer apurações jornalísticas e buscar a notícia, o fato inusitado, o ineditismo que resultaria em uma matéria bombástica no dia seguinte. Entre tantos lugares na noite carioca, Ibrahim "rodava" por muitos bares e restaurantes, como Sacha's, Regine's, Hippopotamus, Alo Alo, Number One, Pizza Palace, Bella Blu. Mas gostava mesmo era de bater ponto no Copacabana Palace. Era *habitué* do local e muito querido por garçons e maîtres, que eram fontes estratégicas dele para saber quem passou por ali e acompanhado de quem.

O Copacabana Palace foi fundado por Octávio Guinle, empresário muito comedido, de postura refinada e portava sempre sua gravata-borboleta. O hotel era também território de Jorginho Guinle, eterno playboy, socialite e, posteriormente, herdeiro do local. O Copa das festas e da *high society*, mas também do clássico restaurante Cipriani, que fez sucesso nos anos 1990 com a cozinha comandada pelo italiano Francesco Carli.

Época em que o Rio de Janeiro brilhava com a fartura de chefs internacionais e, por isso, contava com um jornalismo especializado em gastronomia, como Rodolfo Garcia e Marlene Duarte na *Veja Rio*, Danusia Barbara e Luciana Neiva no *Jornal do Brasil*, Luciana Fróes e Ana Cristina Reis em *O Globo*, bem como a produtora Lou Bittencourt, que montava cenários gastronômicos de comer com os olhos. As páginas impressas dos veículos estampavam imagens de absoluta qualidade e sensibilidade, como os registros prodigiosos do fotógrafo Alexander Landau na *Revista Gula* e, ainda, as imagens das lentes gastronômicas de Ana Branco e Berg Silva, em *O Globo*, além de Sergio Pagano, outro que muito colaborou com belas imagens.

O *Jornal do Brasil* também contava com o design elegante de Mariana Massarani, muitas vezes por meio de ilustrações de matérias sobre gastronomia. Na rádio CBN, o jornalista Renato Machado apresentava uma coluna sobre vinhos; na TV Globo, a repórter Sandra Moreyra produziu boas matérias também sobre gastronomia. Boa parte delas prestigiava a culinária do estado do Rio de Janeiro, sempre bem fundamentadas e ricas em detalhes.

Voltando um pouco no tempo, o Rio de Janeiro também se destacou no jornalismo gastronômico com um personagem marcante e muito autêntico. Nascido na cidade e crítico do *Jornal do Brasil* no fim dos anos 1970 e início dos anos 1980, ele usava o pseudônimo Apicius. Titular da coluna "À mesa, como convém", sua escrita tinha um tom um pouco ácido, mas ao mesmo tempo apresentava narrativa sofisticada e elegante. Ninguém sabia quem era Apicius; ele visitava anonimamente os restaurantes e, como cliente, vivia a experiência para depois relatar em sua coluna. Os donos de restaurantes sempre temiam uma provável visita dele, mas só vinham a saber que ela havia ocorrido quando eram surpreendidos pela publicação da matéria. Um elogio poderia render uma ótima visibilidade para o estabelecimento; uma crítica negativa, no entanto, poderia afetar drasticamente o movimento de clientes.

Outro empreendedor da noite carioca é o espanhol Chico Recarey. Chamado de "o rei da noite", Recarey chegou ao Brasil no fim dos anos 1950 e atuou ainda jovem como garçom em restaurantes e hotéis. Prosperou e foi sócio de diversos estabelecimentos da noite, como bares, restaurantes e casas de espetáculo. Destaque para o Asa Branca, na Lapa; a boate Help, em Copacabana; o Scala, no Leblon, onde havia uma programação intensa de shows e, anos mais tarde, passou a ser o Scala Bingo; e a Pizzaria Guanabara, também no Leblon, que marcou época no Rio de Janeiro pela presença de artistas famosos, como Cazuza, que "virava" a madrugada por lá. Era comum finalizar a noite na cidade do Rio de Janeiro com uma pizza e um chope na Pizzaria Guanabara, reduto boêmio que era um dos últimos lugares a fechar.

No rol de personagens emblemáticos do Rio de Janeiro, Alberico Campana fazia sucesso com o restaurante Plataforma. O empresário era craque em fazer amizade com a clientela e tornou-se próximo de Tom Jobim e do ator José Lewgoy, ambos eram uma espécie de embaixadores da casa especializada em carnes. O "Plata", como era chamado pelo maestro Jobim, tinha couvert com pão de queijo quentinho, patês de fígado e de frango, linguiça, farofa. No cardápio, paleta de cordeiro, picanha e diversos tipos de cortes, com os acompanhamentos clássicos que todo mundo adorava. Além do chope bem gelado, claro.

Quase diariamente José Lewgoy "batia ponto" no Plataforma: chegava sempre com suspensórios, escorado elegantemente em sua bengala, bigode farto que costumava alisar levemente com o dedo indicador, olhar atento; tinha sua mesa já reservada, compartilhada com o amigo e compositor Antônio Carlos

Jobim. De uma época sem covid-19, o Plataforma tinha toalha e guardanapo de tecido, não precisava de recepção com termômetro e álcool em gel, e apresentava arquitetura tradicional com salão superior e entrada lateral, onde à noite aconteciam os shows das mulatas (termo de uso não recomendado atualmente) de Sargentelli.

Não há como prosseguir sem falar desse grande ícone da história do samba no Rio de Janeiro. Osvaldo Sargentelli também era um empresário da noite, mas se reconhecia como "mulatólogo" de plantão – esbanjava conhecimento e admiração pelas mulatas cheias de ginga. Com voz inconfundível, bem grave, chegou a ser locutor de rádio e apresentador de TV. Quem vivenciou aquela época provavelmente se lembrará do extinto programa "Advogado do diabo", em que o convidado da noite aparecia bem no centro da tela, sentado em uma cadeira, com cenário obscuro. Sem se mostrar e com um tremendo vozeirão, Sargentelli fazia perguntas polêmicas. Era um sucesso. A grande verdade é que Osvaldo Sargentelli era um homem do samba e teve várias casas do gênero, como a Sucata e o Oba Oba, e seus shows com as mulatas lá no segundo andar do saudoso Plataforma eram atração certa para todo turista que desembarcava na cidade naquela época.

No Rio de Janeiro, o chope se tornou bebida tradicional e com ampla variedade, para ser degustado estupidamente gelado da zona norte à zona sul da cidade, nos mais diversos estabelecimentos, que prezam não somente pela entrega de boa comida mas também por boa hospitalidade e bom acolhimento. A experiência do cliente em bares e restaurantes certamente faz toda a diferença. O encantamento despertado pelo aroma da comida, por sentar em uma cadeira confortável e segurar o copo de cerveja bem gelado, pelo bom serviço do sommelier ao servir o vinho, pela chacota com o garçom, cujo time perdeu a rodada do futebol de fim de semana. Histórias que servem para "temperar" relacionamentos e amizades. Resenhas de comensais que adoram puxar à memória e relembrar fatos do passado. Dividir pensamentos, opiniões, partilhar o azeite e o paladar. Sabores que alegram a alma, texturas que dão vida à mesa, prazeres para compartilhar.

Cerveja sempre presente nos melhores momentos.

Ao falar sobre personagens no Rio de Janeiro, é imperativo afirmar que José Hugo Celidônio ocupou um assento de absoluta importância na história da gastronomia da cidade. Carismático, talentoso, queridíssimo, dono de uma

GASTRONOMIA DO RIO DE JANEIRO

extensa carteira de amigos, Zé Hugo nem parecia paulista, pois tinha alma carioca como poucos. Em meados dos anos 1970, foi pioneiro ao ocupar uma casa em Botafogo e ministrar cursos de culinária, o que originava as mais inusitadas reuniões com pessoas ligadas à gastronomia, longe de ser um modismo na época. Fez história no local, denominado Club Gourmet, ao organizar encontros com Alain Chapel, Paul Bocuse, Georges Blanc e Pierre Troisgros no movimento *nouvelle cuisine*.

Em 1980, o Club Gourmet tornou-se um dos mais bem conceituados restaurantes da cidade do Rio de Janeiro, com cardápio inovador de bases francesa e italiana e uso de iguarias brasileiras. Pelas mãos do chef Zé Hugo, passaram jovens que formaram uma nova geração da gastronomia carioca, como Flávia Quaresma, Pedro de Artagão, Andréa Tinoco, apenas para citar alguns talentos revelados por ele e que fazem sucesso com suas cozinhas.

O Rio de Janeiro tem muitas histórias relacionadas à gastronomia. Boa parte delas preserva uma paixão de visitante ou um romance de bastidores. É o caso de Robert Falkenburg, tenista americano com passagem pelas gramas de Wimbledon nos anos 1940. Em visita ao Rio de Janeiro, ele conheceu uma jovem da sociedade carioca, Lourdes Mayrink Veiga. Acabaram se casando e, com isso, as visitas de Robert ao Brasil tornaram-se frequentes.

Entre idas e vindas, em razão do clima praiano da cidade, ele abriu uma loja de sorvetes e milk-shake em Copacabana. O ponto fazia sucesso e mantinha uma clientela fiel. Então ele resolveu ampliar o cardápio e servir hambúrguer e cachorro-quente. A loja ficou completa e a aceitação do público não podia ser melhor. Como o apelido de Robert era Bob, ele achou interessante batizar a loja com esse nome. O negócio prosperou e o Bob's se tornou uma das maiores redes de fast-food de todo o Brasil. Era moda fazer um lanche no Bob's com a namorada no fim da tarde ou na saída da praia. Refeição rápida e com preço acessível. A fórmula do Bob's virou sinônimo de sucesso, assim como a do clássico Gordon, no Leblon, point da juventude na época. Logo depois, o McDonald's chegou ao Brasil e outras lanchonetes vieram em seguida.

A história de Robert e do Bob's, no viés do empreendedorismo americano, tem grande impacto em nossas tradições e escolhas alimentares. O brasileiro sempre foi influenciado por hábitos internacionais de consumo. No passado, os países da Europa eram nossa inspiração – seja na gastronomia, seja na moda, na arquitetura ou na decoração. A partir dos anos 1950, os Estados

Unidos se tornaram referência: no meio musical, com as *big bands* pós-guerra e o rock de Elvis Presley; na moda, com as calças *five pockets*; no cinema, com James Dean em *Juventude transviada* e, mais tarde, John Travolta e Olivia Newton-John em *Grease*; bem como na alimentação, com o fast-food do hambúrguer, hot dog, milk-shake, sundae, sorvete, da pizza adaptada, com muito ketchup e mostarda.

Quando Falkenburg montou sua pequena loja no Rio de Janeiro em 1952 e ela se transformou em uma rede de fast-food de sucesso, já recebíamos influências estrangeiras que contribuíram para a prosperidade do negócio. Era o avanço da globalização, o mercado com novas práticas, os programas televisivos, uma nova cultura alimentar que se propagava e se estabelecia.

Mas a gastronomia tem "alma" mutante. Ela consegue se renovar e provocar desdobramentos na própria existência. Nos últimos anos, destacou-se o movimento da "comida de afeto" – resgate da comida da avó, da receita da tia, comida que traz uma memória afetiva e mexe com os nossos sentimentos e sentidos.

A vida ficou mais corrida em virtude da evolução tecnológica, que tornou mais ágeis todos os processos, com modernos notebooks, tablets e, principalmente, smartphones. A constante aceleração do dia a dia, a rotina corporativa estressante e, por fim, o almoço rápido para voltar correndo ao escritório. Tudo isso exigiu que fizéssemos uma releitura amorosa do passado no que diz respeito à alimentação. Reduzir um pouco o ritmo e lembrar como os pratos eram elaborados antigamente, com afeto, com amor. Relembrar essa gastronomia afetiva com calma, em um ritual mais cadenciado para que o aroma do prato possibilite o retorno de uma boa lembrança de infância. Aquela hora em que o jogo de futebol na rua era interrompido porque a mãe chamava para almoçar.

Alguns aromas daquelas iguarias ainda nos remetem a essas lembranças. Elaborar releituras de receitas dos antepassados se tornou tendência nas cozinhas caseiras e nos restaurantes. Ao obrigar as pessoas a ficar em casa e trabalhar em home office por causa do isolamento social, é provável que a pandemia da covid-19 tenha possibilitado a elas resgatar receitas familiares e se aventurar na cozinha para aprender a culinária afetiva. Mais tempo dentro de casa, mais qualidade de convivência familiar. Talvez esse tenha sido o lado positivo da pandemia. Um novo olhar, um novo comportamento que provoca boas reflexões. E, é claro, a cozinha, sempre ela, grande provedora do encontro afetivo familiar com gastronomia saudável e, sobretudo, cheia de amor.

O Rio de Janeiro é considerado um importante destino turístico nacional e internacional, e sempre foi um balneário vocacionado para o entretenimento. A gastronomia carioca ocupa uma posição de reconhecimento absoluto nesse processo. Aprendizagem técnica, saberes populares e trajetórias variadas constroem essa história.

Por exemplo, um chef estrangeiro que chega ao Rio de Janeiro como turista se apaixona pela cidade, arruma namorada, monta casa, constitui família, trabalha na cozinha de um grande hotel, abre o próprio restaurante e por aqui fica. Por sua vez, um menino que nasce na favela, enquanto cresce, convive com a culinária popular nordestina da avó, depois faz um curso de ajudante de cozinha e consegue um emprego no restaurante do grande chef da alta gastronomia internacional. Ali ele aprende técnicas, desenvolve competências e habilidades. E, no futuro, abre o próprio negócio – um bar que prepara um pastel saboroso e diferenciado, influenciado pelas referências nordestinas e pelo aprimoramento de cozinha internacional. Essa diversidade gastronômica faz com que o Rio de Janeiro seja um celeiro de craques do forno e fogão, cada um com as próprias influências externas e o conhecimento adquirido.

Pesquisas da Associação Brasileira de Bares e Restaurantes (Abrasel) apontam um percentual expressivo de turistas que, depois de chegar ao hotel e se acomodar, procura o concierge na recepção para obter indicações sobre restaurantes. Isso explica como a gastronomia ostenta posição de destaque no roteiro turístico do viajante e como ela exerce função cultural na vida das pessoas e no desenvolvimento econômico regional.

O visitante estrangeiro que chega ao Rio de Janeiro já traz com ele o desejo de degustar a tão famosa feijoada com caipirinha e tomar um chope gelado como programas fundamentais. Ele quer conhecer as indicações e atrações regionais, que carregam características intrínsecas daquele território. Além disso, a ampla variedade da culinária brasileira faz com que o Rio de Janeiro seja um dos lugares cuja gastronomia internacional é a mais diversificada. Muitas influências e misturas de um território tropical e bem diversificado expressam um viés de liberdade com características variadas.

Ninguém no Brasil é branco ou é especificamente do lugar onde nasceu. Somos o que a trajetória e a experiência nos fazem. Nos versos dos Tribalistas, nas vozes de Arnaldo Antunes, Carlinhos Brown e Marisa Monte, "todo mundo é de todo mundo e ao mesmo tempo de ninguém". Essa narrativa possibilita um olhar diferenciado para a identidade de nossa gastronomia, pois as influências inspiram, transformam ou adequam. Um prato de origem francesa leva ingredientes indígenas, referências da Amazônia. O autor da receita, que pode ser um chef francês, não se reconhece somente como alguém que nasceu em Borgonha ou Bordeaux. Ele se permite ter influências diversas que corroboram com sua formação e compõem seu universo criativo. O sabor do prato é fruto da personalidade dele e da diversidade gastronômica aliadas à sua liberdade de conceber algo que será levado para a mesa, carregando autenticidade, beleza e paladar diferenciado.

Conhecido por mudar os hábitos alimentares em escolas britânicas e autor de muitos livros de sucesso, o badalado chef de cozinha Jamie Oliver talvez tivesse enorme dificuldade para escrever sobre a gastronomia brasileira. Falar sobre o sertão do Rio Grande do Norte já daria uma boa quantidade de páginas. A riqueza da culinária baiana comporia quase uma enciclopédia – tem comida de rua, comida de santo, comida de forte presença africana.

O Brasil tem uma riqueza cultural muito valiosa que favorece a elaboração de uma infinidade de comidas bem diferentes e peculiares. O Brasil da Amazônia, revelada e ostentada desde sempre por Alex Atala, em contraste com a passagem de Paul Bocuse por nossas terras provoca registros temporários que possibilitam aprendizagens. A cozinha internacional; os fogões nacionais; a trajetória de chefs estrangeiros que trazem saberes de suas origens, predileções e seus referenciais; a busca permanente por ingredientes frescos e naturais; o resgate do sabor original e fiel à natureza em cada iguaria; tudo isso faz com que o Rio de Janeiro, por seu contexto democrático e tão plural, tenha um portfólio vasto de influências que favorecem essa gastronomia diversificada e tão apreciada. Sabemos que a identidade cultural de um povo, sem sombra de dúvidas, passa por sua gastronomia. Trata-se de uma condição fundamental e categórica, e o Rio sempre absorveu as mais diversas descontruções de inúmeras referências culinárias.

Para dar uma visão macro sobre a formação das mais diversas cozinhas no Rio de Janeiro, ao falarmos de sofisticação e qualidade em restaurantes e hotelaria no Brasil, é necessário recorrer ao grupo familiar que certamente é sinônimo de alta gastronomia no país. A família Fasano é herdeira da culinária italiana e tem uma bonita história, iniciada em 1902 com a chegada a São Paulo do patriarca Vittorio Fasano, italiano de Milão, fundador do primeiro restaurante no Largo do Rosário. O negócio prosperou, virou uma grife, referência em padrão de excelência em todo o país. Foi assim que o Gero e o Fasano chegaram ao Rio de Janeiro: apresentando ao carioca um serviço impecável na cozinha e no salão. Sob a regência de Rogério Fasano, as mesas de seus restaurantes recebem todos os dias clientes bastante exigentes e leais. Empresários, autoridades, jornalistas, celebridades, médicos renomados, pessoas da sociedade compõem a clientela de elite do grupo Fasano.

Nesse viés de gastronomia com qualidade, é imperativo citar o Antiquarius, criado em 1977 pelo falecido Carlos Perico e sinônimo de gastronomia portuguesa por excelência. Os cantores Madonna, Bono, Diana Ross, David Bowie, Mick Jagger e o rei Juan Carlos da Espanha são alguns dos nomes que já passaram pelas mesas do restaurante. Sem citar tantas outras celebridades brasileiras, como Pelé, Roberto Carlos e muitas autoridades. O restaurante fechou as portas no Leblon, em 2018. Depois reabriu somente com serviço de entrega, mas logo após o fechamento alguns funcionários resolveram se juntar e empreender. Formado por cozinheiros, maîtres e garçons, um grupo abriu o Entre Amigos, em Botafogo, e o outro o Gajos d'Ouro, em Ipanema. Ambos têm o reconhecimento do público e mantêm as receitas do querido Antiquarius, que foi uma verdadeira escola para todos. A clientela agradece.

Quando falamos da gastronomia do Centro da cidade do Rio de Janeiro, é importante dizer que o bairro ainda preserva com mais evidência a herança portuguesa. Estabelecimentos como o restaurante Rio Minho, fundado em 1884, que servia a elite imperial, ainda está de pé e nos dias atuais mantém a tradição com gastronomia à base de frutos do mar. Foi lá que nasceu a famosa sopa leão veloso, a qual teria sido uma receita concebida pelo então ministro das Relações Exteriores do governo Vargas, Pedro Leão Veloso, frequentador assíduo da casa. O preparo seria uma adaptação de um prato típico da culinária francesa, a sopa *bouillabaisse*, feita com peixe, lula e camarão, muito famosa na região do Mediterrâneo. O restaurante então decidiu batizar a iguaria fazendo uma homenagem ao ilustre cliente.

Outro clássico legado centenário da gastronomia portuguesa, também no Centro da cidade, é o restaurante Nova Capela, inaugurado em 1903 e sobrevivente de um incêndio – que foi o causador de sua mudança de nome após a reforma, pois o nome original era apenas Capela. Além do chope de qualidade acima da média, no cardápio da casa destacam-se o cabrito assado em óleo quente, com textura crocante, porções fartas e acompanhamentos generosos, como o famoso arroz com brócolis e batatas.

Considerada uma joia rara do Centro da cidade e já citada algumas vezes por aqui, a Confeitaria Colombo foi inaugurada em 1894 pelos portugueses Joaquim Borges de Meireles e Manuel Lebrão, este último autor da famosa frase que por anos fez parte de treinamentos no varejo: "O freguês tem sempre razão". O lugar sempre teve arquitetura em estilo europeu, como uma bela loja parisiense. Pelas mesas da Confeitaria Colombo, passaram nomes ilustres da política, literatura e cultura brasileira, como Olavo Bilac, Emílio de Meneses, Rui Barbosa, Villa-Lobos, Lima Barreto, entre outros.

Interior da tradicional Confeitaria Colombo

Ainda que tenhamos dedicado um capítulo especial aos bravos churrasqueiros do sul que desembarcaram em nossa cidade, precisamos falar sobre uma premiada casa que por anos ostentou o título de melhor restaurante de carnes da cidade do Rio de Janeiro: o Esplanada Grill. Com "pinta" de restaurante paulistano, o Esplanada fica em Ipanema e sempre foi ponto de encontro de artistas, empresários e personalidades. A casa foi pioneira em oferecer carnes de cortes especiais, destaque para o T-bone steak, o bife de chorizo argentino, a vitela holandesa e o carpaccio de língua defumada de entrada. No quesito tradição, o Filé de Ouro, no Jardim Botânico, é um verdadeiro patrimônio carioca, com mais de 50 anos de existência. O espanhol Enrique Farina, fundador da casa, no auge de seus 80 anos, administra o negócio com o filho, Paulo. A paixão pelo Botafogo faz com que o salão tenha uma decoração discreta, com menção ao glorioso.

A gastronomia do Rio de Janeiro também preserva a querida Cobal – sigla de Companhia Brasileira de Alimentos –, instituída em 1962 para atender à demanda dos moradores, que na época não tinham facilidade de acesso a produtos frescos, como frutas, legumes e hortaliças. O governo criou, então, centrais de abastecimento e unidades de varejo, possibilitando uma nova logística para que os produtos colhidos no campo chegassem mais rápido e com qualidade no centro urbano.

A Cobal do Humaitá foi a primeira a ser inaugurada, depois vieram as do Leblon, Méier e Campinho. Ao longo do tempo, as unidades passaram por mudanças em seus projetos. Incorporaram bares, restaurantes, comércio de flores, lojas de utensílios para cozinha. O espaço se transformou em um local com a cara do Rio de Janeiro. Visitar a Cobal no sábado de manhã para fazer compras e, ao mesmo tempo, tomar uma cerveja com um petisco tornou-se um

programa saboroso. O prazer de caminhar pelos corredores de boxes coloridos e abastecidos de morangos, laranjas, abacates, couves, bananas, espinafres, abóboras, tomates, melancias, uvas, caquis. Sentir o aroma de queijos, peixes, carnes, frangos.

No mesmo "clima", há em Niterói o Mercado São Pedro, muito querido e tradicional na cidade. No primeiro piso, é possível encontrar os fornecedores e uma enorme variedade de peixes e frutos do mar espalhados pelos boxes em um amplo corredor. E a bossa do lugar é comprar uma porção de camarão ou sardinha, subir para o segundo andar e, em um dos bares ali localizados, pedir para fritarem para você pastéis de camarão ou mesmo uma deliciosa sardinha.

A sucessão dos boxes do Mercado São Pedro ocorre por herança familiar. Antonio Mannarino é um dos proprietários. Trabalhador e muito querido com seus 80 anos de idade, permanece à frente de sua banca, mas já permite a linha sucessória com os filhos Aquiles e Mario. Assim como Atílio Guglielmo, sobrinho e vizinho.

Em 2011, o mercado sediou o festival Gastronomia do Mar, idealizado pela Secretaria de Estado de Abastecimento e Pesca, dirigida na época pelo secretário Felipe Peixoto. Em um grande palco montado na rua em frente, o evento recebeu diversos chefs da alta gastronomia nacional, como Danio Braga, Joachim Koerper, Olivier Cozan, Roland Villard, Luca Gozzani, Luciano Boseggia, entre outros.

Na Barra, o Mercado de Produtores é outro endereço certo para quem aprecia a "pegada" popular a fim de degustar petiscos e um bom chope gelado. Idealizado pelo empresário Schalom Grimberg, o local foi inspirado no Mercado da

Ribeira, em Portugal, e conta com açougue, peixaria, quitanda, restaurantes, bares e cervejarias.

O Rio é saboroso nos mais diversos bairros e territórios. Sucesso com tortas e guloseimas na Confeitaria Kurt, no Leblon, o confeiteiro Kurt Deichmann foi um dos que chegaram ao Brasil em 1939, vindo da Alemanha. Sua sobrinha Evelyn Deichmann assumiu posteriormente o negócio e os filhos dela, Alan e Dany Geller, inauguraram em 1994 a The Bakers, mistura de padaria, confeitaria, restaurante e delicatessen, inspirada nos modelos nova-iorquinos. Sempre em busca de produtos e serviços de qualidade, a The Bakers se transformou na cara do Rio de Janeiro. Um enorme sucesso desde a inauguração. Heloisa Porto é outra especialista do ramo e, em 1989, criou a Torta & Cia, conhecida pelas famosas e irresistíveis tortas que adoçam as mesas da cidade. São mais de cinquenta tortas doces e salgadas, sucesso entre as famílias cariocas.

Na linha de releituras, podemos citar a Mercearia da Praça, administrada por Paulo Sauerbronn, um dos sócios. O restaurante fica em Ipanema e tem a cozinha portuguesa como base, com misto de café e mercearia. Com arquitetura de bom gosto e clima muito agradável, a casa faz sucesso no bairro. Com a esposa, Patricia Sauerbronn, Paulo atravessou a ponte e abriu a Casa di Lucy em Niterói.

Lucy dá nome ao simpático bistrô, que tem um cardápio de pastas, pizzas e uma carta de vinhos bem honesta. Sempre batizados com nomes de mulheres, os pratos homenageiam mães, tias e avós da família Sauerbronn. A decoração apresenta inúmeros quadros espalhados pelas paredes, com fotos de várias famílias e suas matriarcas, bem como frases que historicamente são ditas por nossas mães. Há também um divertido varal com roupas penduradas atravessado na sala principal, onde Alberto Sauerbronn, primo de Paulo e sócio operador da casa, costuma dizer que a qualquer momento Lucy vai aparecer para recolher a roupa.

Ali perto está localizada uma das cozinhas mais premiadas de Niterói: o Ristorante Torninha, administrado pelos irmãos Alberto e Ronaldo Duncan e pelo chef italiano Federico Tagliabue. O Torninha é um desdobramento da Trattoria Torna, iniciada no Rio de Janeiro pelo pai dos irmãos Duncan, que, anos depois, abriu uma unidade no bairro Icaraí, em Niterói. A Trattoria inspirou a criação do Torninha, que seria inicialmente uma casa de entregas, mas conquistou uma clientela cativa que ocupava o pequeno salão do local. Um tempo depois, precisou ser ampliada e se consagrou um dos principais endereços da boa gastronomia da cidade.

Sobre empreendedorismo no Rio de Janeiro, Cello Camolese é um nome a ser lembrado. Nos anos 1990, com Marcelo do Rio, ele foi sócio do Caroline Café, no Jardim Botânico. Anos depois, eles abriram a Cervejaria Devassa e uma rede de franquias com o mesmo nome, em seguida montaram o Vezpa Pizza. O tempo passou, Marcelo foi embora do país e Cello montou a Casa Camolese, debruçada sobre a pista do Jockey Club do Rio de Janeiro, com vizinhos de pompa como o Rubaiyat Rio, o OM.art, de Oskar Metsavaht, e o Maguje. Sentar-se à mesa no Camolese para beber um drinque e assistir aos cavalos correndo na pista virou um bom programa carioca. Cello é casado com Zazá Piereck, que administra com absoluto sucesso o Zazá Bistrô, em Ipanema. O casal é muito querido na cidade e faz tudo com capricho, bom gosto e qualidade.

GASTRONOMIA DE FAVELA

Compreender a cidade passa pelo entendimento do significado de espaços populares e do que eles representam em sua dinâmica de convivência, ou seja, as práticas sociais que neles se manifestam, seja na cultura, seja na arte ou na educação. Quando buscamos uma definição de favela, é comum a associarmos diretamente à violência, ao enfrentamento de grupos armados e ao tráfico de drogas. Esse é o pensamento construído ao longo dos anos em razão de uma visão urbana de ruptura geográfica entre quem está no morro e quem está no asfalto. Mas esse espaço e suas práticas cotidianas contribuem para a identidade dos grandes centros urbanos, em nosso caso o Rio de Janeiro.

A favela compõe uma realidade plural, seria a construção de um novo projeto de cidade seguramente mais democrático e fraterno, em um processo de desenvolvimento e consolidação desses espaços na cidade do Rio de Janeiro. O território da favela não deve ser interpretado como o "lugar do problema", nem representado pelo sentido de ausência, em que a favela seria o lugar da "falta". Um local onde falta infraestrutura, água, saneamento, coleta de lixo, arruamento, ordem, lei e dignidade – visão de repleta anarquia.

Essa ruptura urbana está presente na publicação *Cidade partida*, do experiente jornalista Zuenir Ventura, que relata a cidade dividida em um apartheid social. O Observatório de Favelas, organização não governamental sem fins lucrativos localizada no Complexo da Maré, sob a coordenação executiva de Jailson de Souza e Silva e Jorge Barbosa, também apresenta pesquisas, estudos, importantes reflexões e contextos sobre o tema.

A favela também é protagonista da cidade, ela faz parte da vida e da história da cidade. Mesmo que elas se localizem em terrenos íngremes na maioria das vezes e tenham quantidade expressiva de habitantes, seus moradores também têm direito aos equipamentos e mobiliários urbanos, direito à cidade. Ao longo do tempo, infelizmente esses espaços passaram a representar algo negativo aos olhos da sociedade, da imprensa e das autoridades. Espaços de invisibilidade pública.

As primeiras favelas do Rio de Janeiro surgiram na virada do século XIX para o século XX. Registros apontam que o Morro da Providência teria sido o local onde surgiu a região chamada de Morro da Favela, termo que posteriormente teria batizado outras ocupações com características semelhantes. Ao longo do tempo, o Rio de Janeiro passou por diversas crises na área habitacional e a migração regional fazia a cidade crescer. Cortiços e casas de cômodos eram considerados ambientes insalubres, sem higiene e com grande foco de doenças, como cólera, peste, varíola e febre amarela. Apesar da precariedade, a grande vantagem de morar em cortiços para os trabalhadores era a proximidade do local de trabalho.

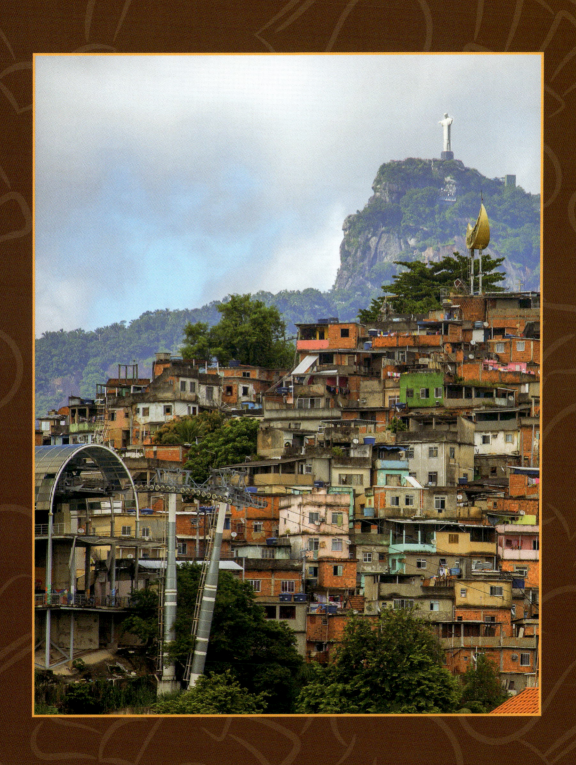

Nesse cenário, o Nordeste tem uma presença bastante significativa na ocupação dos territórios populares e uma enorme contribuição de força de trabalho no Rio de Janeiro. Diversos postos e hierarquias diferentes marcam a presença do nordestino na cidade. E, é claro, a relevante função colaborativa de sua gastronomia, arte, poesia e seu repertório musical. Quem já foi ao Centro Luiz Gonzaga de Tradições Nordestinas, também conhecido por Feira de São Cristóvão, sabe o quanto o lugar é definitivamente um território pulsante do Nordeste na cidade. A música, a dança, o artesanato e, é claro, a culinária regional tão expressiva.

A vinda de migrantes nordestinos para a cidade do Rio de Janeiro ocorre sempre após um primo ou irmão chegar e dar suporte e acolhimento para o familiar. A pessoa faz as malas e viaja em busca do sonho da cidade grande, de um bom emprego e, em seguida, entra em contato com o primo ou o irmão

Recorte da favela da Rocinha

que ficou na cidade natal, no lugar de origem, para que ele venha também tentar a sorte. Como o projeto é vencer na vida, a habitação inicial de quem acabara de chegar e ainda está na fase de juntar dinheiro ainda é muito simples. Por isso, os nordestinos acabam morando em territórios de origem popular, ou seja, em comunidades que chamamos de favela. Lugar de gente simples e trabalhadora, famílias que se amontoam, pois o primo recém-chegado fica em um quarto com o irmão, arruma uma namorada que pode vir a engravidar; a família cresce e constrói uma laje no segundo piso. E, assim, a população avança, as casas ficam mais populosas, as comunidades crescem de modo desordenado porque não existe uma política pública que se preocupe em ajustar e acompanhar esse crescimento.

Algumas favelas apresentam problemas como tráfico de drogas e enfrentamento de grupos armados, o que gera conflitos frequentes entre estes e as autoridades

policiais. Trata-se de um problema histórico; a imprensa e a opinião pública sempre enfatizaram que a favela seria o lugar do problema da cidade. Como se não existissem questões complexas também no asfalto. Nesse sentido, é fundamental ver a favela com outro olhar. A favela é o lugar dos saberes populares, em que a cultura nordestina predomina nas falas, práticas, artes, na musicalidade e culinária regional. É um território rico em saber popular. Há uma legitimidade em diversas condutas dos moradores, o legado que trazem e como protagonizam essa cultura. É assim que a gastronomia nordestina se manifesta.

O fogão da favela esquenta com os ensinamentos de gerações. A paraibana que atende pelo nome de Galega, dona de um pequeno estabelecimento na Nova Holanda, no Complexo da Maré, nasceu em Campina Grande e, como muitos nordestinos, migrou muito jovem para o Rio de Janeiro. Em seu comércio, Galega faz sucesso cozinhando um baião de dois de encantar qualquer comensal exigente. Ela é uma das inúmeras cozinheiras de mão cheia do Rio de Janeiro. Sabe fazer também um feijão-de-corda com um sabor que poucos alcançam na cidade, acompanhado de uma boa cerveja "canela de pedreiro", como se diz no popular. Assim como ela, uma geração de boas cozinheiras de gastronomia popular com base nordestina "alimenta" a cidade com seus saberes culinários. Todas dos mais diversos territórios de favela.

No Morro do Chapéu Mangueira, no Leme, o Bar do David é outro bom representante da gastronomia carioca de favela. O lugar já foi premiado no concurso Comida di Buteco, um dos mais importantes festivais de botequim do Brasil. David já levou para casa o troféu de 2º lugar com o croquete de feijão-branco recheado de frutos do mar e, em 2022, faturou o 1º lugar com outra iguaria. No Morro do Vidigal, a feijoada da Tia Léa também faz sucesso e recebe gente famosa para experimentar.

Prato típico nordestino, o baião de dois reúne a dupla preferida dos brasileiros: arroz e feijão.

São profissionais de gastronomia popular, localizados em comunidades e com trajetórias e saberes diferenciados para compartilhar com o público. Receitas de sabor escondidas em ruelas e entre escadarias, locais muitas vezes não conhecidos por moradores do asfalto. Nascido em Recife, capital do estado de Pernambuco, no Nordeste do Brasil, Gilmário João dos Santos comanda seu restaurante na Rocinha, a maior favela da América Latina. O Porcão da Rocinha, nome que faz menção à famosa rede de churrascarias, oferece pratos de pescado e carnes exóticas. Tudo preparado na hora e a casa tem uma adega climatizada, onde repousam rótulos de vinhos e aguardentes.

Entre Copacabana e Botafogo, encontramos a Ladeira dos Tabajaras. É ali que os cearenses Romero e Augusto comandam o Restaurante 48, bom exemplo para ilustrar como a gastronomia carioca é híbrida e diferente da de qualquer lugar do mundo. A dupla já trabalhou com o chef francês Olivier Cozan e, por isso, consegue aliar as raízes da culinária nordestina aprendida com os familiares ao aprendizado da tradicional culinária francesa. O resultado é a elaboração de pratos surpreendentes, como omelete de champignon e de queijo com presunto, costelinha de porco assada, costela de boi, peixe e carré de porco, tudo muito bem cuidado e com sabor especial.

Na favela também há projetos de formação gastronômica. A jovem Mariana Aleixo coordena o Maré de Sabores, projeto da Redes da Maré, instituição da sociedade civil que produz conhecimento, elabora projetos e ações para fortalecer a garantia de direitos e a melhoria da qualidade de vida dos 140 mil moradores da Maré. O projeto oferece cursos de qualificação profissional em gastronomia para os moradores da comunidade. Além de receitas e técnicas aprimoradas, o curso promove novos hábitos alimentares com base em uma alimentação saudável e sustentável.

Em 2010, um grupo de mulheres formadas na primeira turma criou o bufê Maré de Sabores, negócio de impacto social que, com receitas e serviços gastronômicos, propõe outra perspectiva da cidade, com uma visão qualificada das favelas. Em mais de 11 anos de atuação, o Maré de Sabores formou mais de 800 mulheres em gastronomia, produziu mais de 2 mil eventos corporativos e sociais por toda a cidade, atendendo a mais de 175 mil convidados. Preparou e entregou mais de 65 mil refeições aos mais vulneráveis no território da Maré frente à pandemia e levou seu cardápio a mais de 200 clientes em 2021 com seu serviço de entrega domiciliar; gerou impacto direto a mais de 200 famílias na Maré com seus serviços e ações e a venda de produtos. Em 2021, o bufê foi incluído no The Worlds 50 Best, lista dos 50 melhores bares e restaurantes do mundo, um reconhecimento às pessoas que trabalham e projetam suas ações para o futuro da gastronomia.

Como já citamos, ao falar sobre gastronomia da cidade é importante observar que no setor há uma ocupação relevante de nordestinos. Em alguns restaurantes, é comum encontrarmos famílias de primos e irmãos trabalhando juntos na mesma cozinha. Se visitarmos inúmeros bares e restaurantes na cidade do Rio de Janeiro, seguramente seremos atendidos por muitos garçons e cozinheiros nascidos no Nordeste do Brasil. Muitos deles trabalham nesses estabelecimentos e, posteriormente, abrem o próprio negócio com a experiência e o aprendizado adquiridos. A região Nordeste sempre ofereceu força de trabalho bem significativa, com bastante foco e determinação em todo serviço que procuram entregar. Isso é uma importante contribuição para a economia da cidade e do estado do Rio de Janeiro.

Nesse contexto, podemos fazer uma reflexão sobre gastronomia como ferramenta de inclusão social, com as mais diversas possibilidades para que jovens tenham acesso a inúmeros estabelecimentos e vivenciem experiências, bem como por meio da formação de cursos técnicos. O Senac RJ é uma das instituições que mais contribuem para esse processo com a oferta de cursos de confeiteiro, garçom, ajudante de cozinha e outras atividades pertencentes a essa cadeia produtiva. Ao mesmo tempo, possibilita o intercâmbio cultural por meio do aprendizado de receitas provenientes de diversos países e regiões. Trocas, saberes e aprendizagens mais uma vez presentes no ambiente da gastronomia.

Outro aspecto interessante sobre as referências da culinária de favela e a importante presença da cultura nordestina nesses territórios é o movimento crescente ocorrido nos últimos anos no Rio de Janeiro: a gastronomia de rua, originada nas raízes das comunidades. Esse fenômeno representa um tipo de comida urbana diretamente ligada à rotina de seus consumidores. A gastronomia das comunidades segue o princípio básico do preço e da comodidade, da facilidade de matar a fome de maneira rápida e prática.

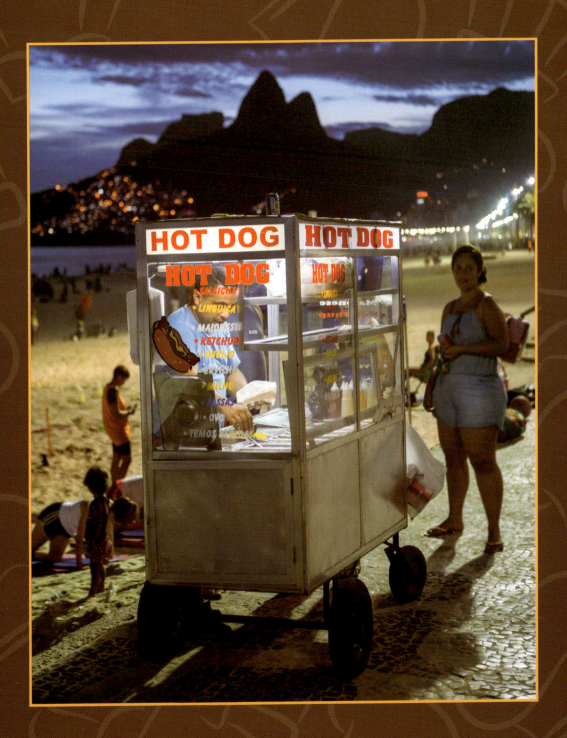

A influência do fast-food assume papel estratégico nesse processo. O hambúrguer e o hot dog trazidos para o Brasil pelas grandes redes de lanchonetes americanas provocaram desdobramentos com receitas adaptadas, fartas e exageradas, e ainda assim valor mais atraente. Para uma família de baixa renda, com dificuldade de acesso às grandes lanchonetes de grifes localizadas em shoppings, isso torna possível o acesso a uma gastronomia mais democrática e mais em conta na rua. Afinal, a rua sempre será o espaço com vocação para o lazer, o encontro e a socialização em razão de praças e espaços públicos de livre acesso ao cidadão. Representa ressignificar esses espaços como a possível materialização de desejos e descontração. Mesmo com a constante ameaça de uma provável insegurança pública, os centros urbanos resistem para preservar esses espaços com a devida apropriação do morador da cidade.

O grande exemplo desse movimento é o podrão, gíria carioca para o sanduíche do tipo cachorro-quente, feito em carrocinhas que circulam ou têm ponto fixo nas ruas da cidade. É o sanduíche adequado para quem busca um programa diferente como um lanche farto ao ar livre ou para quem volta faminto de uma festa, um baile, um show na madrugada. O podrão não se limita ao pão com salsicha, ele pode conter uma série de itens adicionais como ketchup, mostarda, molho barbecue, maionese, batata palha, ovo de codorna, tomate, alface, cebola, queijo ralado, milho e tudo o que a criatividade do vendedor e do cliente permitir. Iguaria que também faz parte da identidade culinária do Brasil, a linguiça de porco costuma substituir a tradicional salsicha. As carrocinhas de podrão estão sempre localizadas na entrada da comunidade, perto de praças, hospitais, saídas de escola, clubes, locais de eventos e shows musicais. Em geral, a maioria funciona à noite e "vira" a madrugada.

Sopas e caldos também fazem parte da gastronomia das comunidades levada para as ruas. Há variações de cardápio, que vão do caldo verde, da canja de galinha, do angu à baiana ao caldo de abóbora, de mocotó, à canjica doce, à sopa de legumes, à sopa de feijão... Apenas para citar algumas receitas que representam bem as influências nordestinas (como as da Bahia) e africanas, o que justifica a sua origem nas comunidades onde residem esses ambulantes gastronômicos de rua.

Outro tipo de comida que tem agradado os cariocas são os espetinhos de carne, linguiça, queijo coalho; os famosos "churrasquinhos de rua" que já cativam o público pela fumaça de aroma "sedutor". O churrasquinho regado com molho à campanha e farofa resolve o jantar de muitas famílias, pois pode ser consumido na carrocinha ou mesmo ser levado para casa. No local, há também opções de bebidas como cervejas e refrigerantes, devidamente estocados em caixas de isopor. Vale citar ainda as iguarias históricas de rua desde sempre em

Os churrasquinhos de rua se tornaram uma grande oportunidade para quem deseja empreender e ter uma renda extra.

nossas vidas: a pipoca, o churro, o algodão-doce, o sacolé, o crocante biscoito biju, a espiga de milho. Todos nos remetem à nossa infância, pois tiveram presença marcante na saída da escola, em passeios com os pais na praça. Muito possivelmente essas iguarias são as que mais representam a nossa memória afetiva dos tempos de criança. A gastronomia de rua pode ser considerada culinária de comunidades, pois representa movimentos e expressões de uma gastronomia democrática e acessível, cuja protagonista da criação e da venda é a população residente em comunidades de origem popular.

Nos territórios que preservam as favelas, devemos destacar a representatividade simbólica e social da laje. Construída sobre o teto das casas, ela faz parte da estrutura da edificação e dá suporte aos pilares de sustentação da moradia. Mas a laje é também o espaço de lazer e socialização mais importante da favela . É nela que a criança brinca, o menino solta pipa com os amigos. É nesse espaço que acontece o churrasco de fim de semana, com tijolos improvisados que abrigam o carvão; garrafas pet cortadas cujas bases são encaixadas em vergalhões para evitar algum acidente. Bem ali na laje, com a fumaça do churrasco a céu aberto, banquinhos da cozinha improvisados, a caixa d'água aparente, o varal com algumas roupas ainda estendidas, a diversão acontece.

É na laje que temos as boas conversas em ambiente familiar com os amigos. E, na maioria das vezes, celebrada com uma boa cerveja gelada. É assim que podemos celebrar a favela, um lugar que tem cultura, lazer e histórias. Tem gastronomia popular. Tem trocas, saberes e aprendizagens. É o nosso pedaço de Nordeste fincado na cidade e, com ele, todas as referências tão regionalizadas e particularizadas, ricas em sabedoria popular. Cada nordestino carrega a alma de Luiz Gonzaga, de Ariano Suassuna, a poesia popular, a capoeira, as religiões afro-brasileiras.

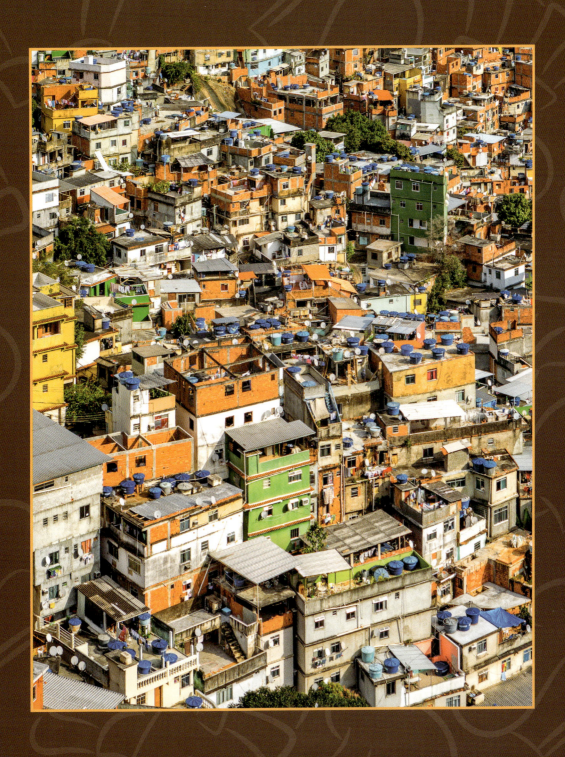

ESPETO CORRIDO E CHURRASCARIAS

Para entender a relação entre o povo gaúcho e o churrasco, basta ir a um jogo da Libertadores na arena do Grêmio, em Porto Alegre. A caminho do local, faltando alguns poucos quilômetros para chegar, é possível visualizar uma imensa nuvem de fumaça ao redor do estádio. O fenômeno se deve à enorme quantidade de torcedores fazendo churrasco antes da partida. Uma aglomeração de pessoas com churrasqueiras portáteis ou tijolos improvisados, "administrando" o braseiro com carnes na grelha ou no espeto. Afinal, como eles sempre dizem: "Hoje é dia de Grêmio". O restante da torcida que não está ali naquele momento seguramente está preparando o churrasco de maneira mais reservada em casa. A cultura do churrasco está presente em todos os momentos da vida do sulista, principalmente quando falamos em futebol.

A cidade de Nova Bréscia, localizada a 161 km de Porto Alegre, no estado do Rio Grande do Sul, ficou conhecida por capital do churrasqueiro. É uma região que vive basicamente da pequena agricultura familiar, mas cujos jovens saíram muito cedo do município para ganhar a vida com o sonho da cidade grande. Eles pegaram a estrada e se lançaram Brasil afora, levando junto a tradição gaúcha de saber fazer um bom churrasco. O personagem principal e pioneiro dessa história é um sujeito descendente de italianos chamado Albino Ongaratto. Foi ele o primeiro desbravador a "pegar" a rodovia, com cara e coragem, e abrir a Churrascaria 477 em Jacupiranga, interior de São Paulo. O empreendimento de Albino servia viajantes e caminhoneiros, atendendo aos pedidos dos clientes à mesa. O serviço era *à la carte*, em que a pessoa escolhe a carne, faz o pedido e o funcionário vai à cozinha buscar a iguaria.

Churrasco gaúcho

Até que uma festa religiosa no fim de semana atraiu para a cidade uma multidão de romeiros, que chegou faminta, lotando o restaurante. Os garçons se atrapalharam, trocaram pedidos e entregaram espetos em mesas erradas. O cliente pedia picanha e recebia alcatra. Eles não conseguiam atender à demanda. Com o restaurante lotado, pedidos errados e trocados, as reclamações eram inevitáveis. Foi nessa hora que Albino, ao presenciar a grande confusão no salão, ordenou que todos os funcionários servissem as carnes a todos os clientes, independentemente de eles terem feito pedidos específicos. E, assim, todos rodavam o salão com espetos de carnes variadas. Dessa forma nasceu, então, o churrasco de espeto corrido, que mais tarde se convencionou chamar de churrascaria de rodízio.

Seguindo os passos de Albino, os jovens de Nova Bréscia viram uma oportunidade de mudança de vida. O próprio Ongaratto fazia recrutamento e seleção de quem quisesse seguir o caminho de sucesso alternativo, deixar os pais na pequena cidade, onde não existia muita perspectiva de emprego, e seguir estrada afora. Assim iniciou o movimento migratório dos churrasqueiros de Nova Bréscia. Boa parte da população da cidade tinha algum parente que se aventurou ainda muito jovem nas grandes capitais, como São Paulo e Rio de Janeiro. Levavam na mala a plena convicção de que o brasileiro sempre foi apaixonado por churrasco, e o exemplo de Albino era uma inspiração para empreender com força e coragem.

Desse modo surgiram nomes que ficaram famosos nesse movimento migratório: Ivan Locatelli, da Churrascaria Santo André; Gelson Titã, da Vento Haragano; Airton Marchese e Antoninho Ongaratto, do Galpão Crioulo; Marius Fontana, fundador do Porcão e, posteriormente, da casa no Leme que atualmente leva o seu nome; Jorge e Aleixo Ongaratto, fundadores da Churrascaria Fogo de Chão;

entre tantos outros que não somente saíram de Nova Bréscia mas também de diversos municípios do Rio Grande do Sul.

A saída desses jovens empreendedores do campo para a cidade contribuiu para um êxodo rural muito forte. Eles trabalhavam cerca de quinze horas por dia, começavam fazendo todos os serviços do restaurante, passando por todos os setores e, dessa maneira, conseguiam ter uma visão completa da operação. Para dar conta do enorme movimento, era necessário atender às mesas com rapidez e agilidade. Por isso, eles jogavam um pouco de farinha no piso do salão, engordurado pelas carnes que pingavam dos espetos. Com o chão escorregadio, deslizavam até as mesas como se estivessem sobre patins, carregando com desenvoltura o espeto de carne.

Com preço fixo e possibilidade de comer à vontade, as churrascarias se tornaram mania nacional e cresciam pelo Brasil com enorme sucesso, inicialmente em São Paulo e depois no Rio de Janeiro. Os espetos, em sua maioria, eram carregados com picanha, costela, maminha, bife de tira, fraldinha, cupim, filé-mignon, coração de frango temperado, lombo de porco e linguiça. Eram servidos diversos cortes de carne assados na brasa e uma série de acompanhamentos, como saladas, farofa de ovos com banana, batata-portuguesa, cebola frita, polenta. Uma vez por outra, era necessário limpar os pingos das carnes que caíam sobre a mesa, forrada com toalha de tecido como base e, por cima, outra de papel, que não durava muito, pois a tulipa do chope a deixava úmida mesmo acompanhada da bolacha.

Alguns anos depois, muitas churrascarias localizadas nos grandes centros urbanos sofisticaram a operação. No centro do salão, a mesa de bufê oferecia saladas variadas, risotos, peixes, frutos do mar, camarão e até culinária japonesa. Cartas de vinhos, carta de drinques e cervejas artesanais, bem como carnes exóticas como javali, avestruz, codorna. Algumas casas apresentavam boas adegas na estrutura arquitetônica, com carta de vinhos de rótulos variados e inclusive a presença de sommelier. Fizeram história no Rio de Janeiro o Grupo Porcão – com a gestão de Neodi, Valdir, Darci e Nédio Mocellin, o grupo foi sucesso por muitos anos e chegou a ter unidades no Rio de Janeiro, em Brasília, Miami e Milão; atualmente os fundadores operam com o sobrenome Mocellin, com lojas na Ilha do Governador, na Barra da Tijuca e em Niterói –; as churrascarias Oásis, de Silvino Ongaratto; Marius; Tourão; Pampa Grill; Palace; e Estrela do Sul. Em Niterói, tivemos o Rincão Gaúcho, de Osmar Buzin; a Verdanna Grill, de José Nilo Biasibetti, outro que veio de Nova Bréscia.

Há uma história interessante sobre a chegada de alguns jovens sulistas ao Rio de Janeiro, que foram trabalhar em uma churrascaria na Avenida Brasil. Eles eram dedicados e trabalhavam o dia todo, com pouco descanso. Certo dia, o proprietário colocou o estabelecimento à venda. Alguns garçons mais arrojados e com espírito empreendedor aceitaram se arriscar e juntar as reservas para comprar o negócio. Os jovens eram Neodir e Valdir Mocellin, Marius e alguns primos.

ESPETO CORRIDO E CHURRASCARIAS

Eles compraram a churrascaria e continuaram trabalhando. Um belo dia, uma chuva com vento forte derrubou o letreiro da loja. Como eles ainda tinham dívidas e estavam muito apertados financeiramente, sem condições de investir na reforma da placa, adiaram o conserto que precisava ser feito. Os clientes gostavam do lugar e retornavam para almoçar ou jantar. Ao lado da churrascaria ficava o supermercado da família Veloso, denominado Casas da Banha e que ostentava na fachada a imagem de um porquinho, seu mascote. Na TV, uma propaganda em que os porquinhos cantavam "vou dançar um chá-chá-chá, Casas da Banha..." era sempre transmitida. Quando os clientes queriam ir à churrascaria, diziam "Vamos lá naquela churrascaria que fica lá na estrada, onde tem um porquinho ao lado". De tanto falarem e mencionarem o porquinho vizinho, depois de conseguir equalizar as contas, a churrascaria decidiu consertar o letreiro e mudar o nome para Porcão, ostentando também a imagem de um porquinho simpático. Assim nasceu um dos maiores grupos de churrascaria do Brasil, com mais de dez lojas espalhadas pelo Rio de Janeiro, em Brasília, Miami e Milão.

No início dos anos 1990, os empreendedores das churrascarias consolidavam sua atuação no mercado. Ao mesmo tempo, formavam uma nova geração de empreendedores na cidade. Helio Borba chegou em 1984 ao Rio de Janeiro, vindo de uma cidade chamada Westphalen. Com 24 anos de idade, trabalhou na churrascaria Estrela do Sul, na Tijuca, e em seguida foi para o Porcão, onde atuou como gerente da unidade Barra. Helio era um ótimo profissional de salão, gostava do relacionamento com os clientes e de conhecer pessoas. No Porcão Barra, fez amizade com Renato Aragão, Fausto Silva, Zico, Boninho e muitas celebridades. Em 2009, quando saiu de lá, abriu o próprio restaurante, o Dom Helio, também na Barra da Tijuca. E para lá levou toda a sua clientela. O Dom Helio, no entanto, não se posicionou como churrascaria. O modelo operacional é serviço *à la carte*, com tradição de carnes no cardápio, petiscos e pizza à noite.

Já os irmãos Roberto e Rudi Paludo, vindos de Rondinha para trabalhar no Porcão Niterói, quando se desligaram do grupo abriram o Família Paludo, restaurante de gastronomia a peso. Assim como Osmar Buzin, fundador do Rincão Gaúcho com primos e irmãos, que também investiu na balança com a rede Buzin e, posteriormente, com o Noi. Este último também deu nome à cervejaria artesanal, a maior da cidade de Niterói.

José Nilo Biasibetti, com passagem pela Vacaria do Sul, em Itaboraí, montou o Verdanna Grill em Niterói e criou sucessores. Com o filho Thiago Biasibetti, abriu o Tenore Gourmet. A filha Amanda integrou a sociedade no Verdanna e Marco Túlio, o genro, comanda o Biasibetti Steak. Em todas as lojas há migrantes sulistas, que esbanjam solicitude e atendimento cortês no trato com a clientela. Aliás, o bom atendimento e a excelência em servir é uma qualidade que as pessoas do Sul têm de sobra.

As churrascarias trazidas ao Rio de Janeiro pelos desbravadores sulistas proporcionaram uma mesa com fartura para os cariocas e com procedimentos que até então não eram comuns, por exemplo o bartender rodar pelo salão do restaurante com um carrinho repleto de bebidas e frutas, passando cuidadosamente entre as mesas. Quando o cliente solicitava um drinque, ali mesmo ele preparava, e o balançar da coqueteleira já despertava o desejo de uma caipivodca bem geladinha em outras mesas. Além disso, a cultura das churrascarias funcionou como escola de formação para novos empreendedores em diversos modelos de negócio, não somente de restaurantes a quilo ou *à la carte* mas também para a abertura de bares e outros modelos operacionais diferenciados. A tradição do bom atendimento e o carisma dos gaúchos foram qualidades importantes que fizeram sucesso na cidade, assim como sua grande força de trabalho.

CHEGADA DE CHEFS INTERNACIONAIS

No começo dos anos 1970, uma importante revolução na França provocou mudanças na culinária internacional: a *nouvelle cuisine*. Em um viés contrário ao da cozinha francesa tradicional, conhecida por molhos pesados e longos cozimentos, o movimento anunciava uma proposta diferenciada, com a apresentação diferente de pratos e a valorização de sabores mais leves. Nomes de peso como Alain Chapel, Roger Vergé, Pierre Troisgros e Raymond Oliver foram alguns dos protagonistas do movimento que se espalhou rapidamente por outros países.

Nessa corrente gastronômica de novas tendências, muitos chefs deixaram a França e partiram para outros continentes. Foi nessa época que o Brasil recebeu o célebre chef francês Paul Bocuse, que por cinco décadas ganhou estrelas no *Guia Michelin* e inovou a maneira de cozinhar, sendo reconhecido como ícone da gastronomia mundial. Bocuse esteve em terras brasileiras para ministrar uma série de palestras e cursos para profissionais de restaurantes e hotéis. Sua visita provocou uma verdadeira "invasão" francesa nos anos seguintes.

Muitos jovens chefs adotaram o Brasil como segunda pátria e inovaram o mercado da gastronomia: Claude Troisgros, Laurent Suaudeau, Roland Villard, Emmanuel Bassoleil, Erick Jacquin, Dominique Guerin... Paul Bocuse desbravou o terreno e contribuiu para a abertura de portas para essa nova geração de cozinheiros. Desde então, o Rio de Janeiro acolheu inúmeros profissionais do cenário internacional gastronômico.

CHEGADA DE CHEFS INTERNACIONAIS

Um dos bons exemplos desse processo é o chef Laurent Roland Suaudeau, que chegou ao Brasil nos anos 1970 para comandar o Le Saint-Honoré, do mestre Paul Bocuse, o qual já havia desembarcado antes por aqui, como dissemos anteriormente, e marcava presença no Hotel Méridien, no Leme. Francês bem estrelado, Laurent trabalhou com Jean Guérin e Michel Guérard. É evidente que seu talento e sua experiência fizeram com que se tornasse um dos mais consagrados chefs do Rio de Janeiro e inspirasse outros profissionais a seguir o mesmo caminho.

Claude Troisgros foi um deles. Com origem e histórico de uma tradicional família de cozinheiros na França, chegou ao Rio de Janeiro com sua culinária criativa, sofisticada e com inovações da *nouvelle cuisine*. Claude de imediato se identificou com a cidade, fez boas amizades e logo se apaixonou por diversos ingredientes brasileiros. Sempre se reconheceu um carioca da gema, um apaixonado pela cidade. Seu pai, Pierre Troisgros, foi um dos criadores do movimento nas décadas de 1960 e 1970. Antes de Claude debutar na cidade, seu pai esteve no Rio a convite de José Hugo Celidônio, em 1997, em um jantar com Alain Chapel e Georges Blanc. Foi nesse período que Pierre indicou o filho para trabalhar no Le Pré Catelan, administrado pelo amigo Lenôtre. Claude Troisgros começava ali sua trajetória de sucesso na gastronomia do Rio de Janeiro, onde mais tarde deu início a uma série de empreendimentos bem-sucedidos com a ajuda do filho Thomas, além de comandar programas de receitas e *reality-shows* na TV, aproveitando todo o carisma com o público.

Luciano Boseggia, Emmanuel Bassoleil, Roland Villard, Frédéric De Maeyer e Danio Braga são alguns nomes que abrilhantaram a gastronomia brasileira. Mas qual seria a motivação para alguém deixar o país de origem, o ambiente socioafetivo e familiar para tentar a sorte em um continente distante?

O documentário brasileiro *Por que você partiu?*, dirigido por Eric Belhassen e lançado em 2003, retrata a trajetória de cinco chefs de cozinha francesa que, ainda jovens, deixaram suas famílias na terra natal e vieram morar no Brasil: Emmanuel Bassoleil, Érick Jacquin, Laurent Suaudeau, Alain Uzan e Frédéric Monnier. De modo emocionante, o filme apresenta depoimentos dos familiares sobre o que sentiram ao conviver com a saudade após a partida dos filhos.

Para os que perguntam o que pode ter contribuído para tantos profissionais de gastronomia terem vindo de outro país trabalhar no Rio de Janeiro, não há dúvidas sobre a principal motivação: a paixão à primeira vista pela Cidade Maravilhosa. É o caso de Frédéric Monnier, que nasceu na pequena cidade de Avrillé, na França, e com o avô Alberto Monnier e o pai, Daniel Monnier, cresceu aprendendo o trabalho e a paixão pela culinária. Com três anos de idade, Frédéric morava em cima da loja e costuma dizer que em seu quarto, que ficava acima da cozinha, entrava pela janela o aroma vindo do fogão em razão da preparação dos mais agradáveis cozimentos.

Aos doze anos, já desenvolvia tarefas de ajudante de cozinha como aprendiz e desejava ser padeiro e confeiteiro, curso concluído em uma escola de hotelaria francesa. Com passagens por diversos restaurantes estrelados, Frédéric atuou também no Le Nôtre e Potel & Chabot, bufês responsáveis por alguns dos maiores eventos esportivos na França, como o Torneio de Roland Garros, a Copa do Mundo de 1998, eventos em Praga, Inglaterra, Itália, Dubai, Rússia, entre outros. Tempos depois, resolveu tirar férias e desembarcou no Brasil para descansar por três meses. Mas recebeu um convite inesperado de Christophe Lidy, que naquele momento havia sido designado para chefiar a cozinha do recém-inaugurado Garcia e Rodrigues, no Leblon. A paixão pelo Rio de Janeiro e o gosto pelo trabalho fizeram com que Frédéric atuasse por três anos no

Garcia e, em seguida, abrisse o próprio negócio, a Brasserie Rosário. Arrumou namorada, casou, teve filhos e se tornou um dos ilustres franceses cariocas que a cidade ganhou de presente. Embaixador do Senac RJ desde 2006, onde ensina os seus saberes, Frédéric Monnier não sossega com os projetos e atividades na cidade do Rio de Janeiro. Durante a pandemia, em 2020, criou a linha *Les petis pots Monnier*, produtos artesanais com diversos sabores de patê, vendidos em sua loja virtual.

Apresentação diferente de pratos e valorização de sabores mais leves

GASTRONOMIA DO RIO DE JANEIRO

Inúmeros estrangeiros que chegaram ao Rio de Janeiro como turistas ficaram apaixonados pela cidade e decidiram formar família e ficar por aqui. Para a sorte da boa gastronomia carioca, boa parte deles era de profissionais talentosos com trajetória em cozinhas internacionais. Nas décadas de 1980 e 1990, o italiano Domenico esteve à frente do Pulcinella, em Ipanema, restaurante em cujo cardápio havia boas pastas, risotos, antepastos de boa qualidade e uma carta de vinhos que privilegiava a uva sangiovese, da Toscana, o famoso Chianti com selo Galo Nero e o nobre Brunello di Montalcino. Domenico supervisionava tudo de perto, vivia e se sentia um carioca legítimo. Rabugento toda vida, gostava de pegar a caminhonete para ir à Ceasa fazer compras, cuidar da organização do restaurante e, ao mesmo tempo, curtir a vida prazerosa no Rio de Janeiro.

Perto dali, ainda em Ipanema, outro italiano cuidava da cozinha do Arlecchino. Chef e sommelier, Luciano Pollarini tinha uma clientela repleta de artistas da TV Globo. Logo na entrada da casa, apresentava peixes marinados no couvert, salada de macarrão e atum, lasanha de berinjela. Fazia sucesso com salada de frutos do mar, o peixe assado na crosta de sal e massas à base de frutos do mar. Mais um italiano de sucesso na época, ilustre torcedor do Milan de Silvio Berlusconi, Gilberto Brambini sustentava uma bela história na gastronomia carioca à frente do tradicional Da Brambini, em funcionamento até hoje no bairro do Leme com novo grupo societário. No passado, ele comandou também o Gibo, abreviação de Gilberto, em Ipanema. Com elegante cardápio de belos antepastos, risotos e massas, Gilberto Brambini sempre foi craque em suas criações e sua receita famosa era o pargo ao sal grosso, considerado o melhor da cidade.

Os italianos sempre tiveram uma gastronomia muito bem-aceita pelo brasileiro. E o Rio de Janeiro teve o privilégio de conhecer a cozinha de Angelo Neroni, Luciano Boseggia, Luca Gozzani e, é claro, Danio Braga, sem sombra de dúvidas o mais representativo e inspirador de sua geração. Danio foi um dos fundadores da Associação Brasileira de Sommeliers (ABS) e responsável por muitos projetos na cidade. Criativo, inovador e absolutamente perfeccionista, comandou a cozinha do consagrado Enotria e se destacou quando comandou a Locanda della Mimosa, em Petrópolis. Recebeu assinatura do mestre o cardápio do Sollar, em Búzios, e da Xampanheria. Ele desenvolveu também diversos cardápios da primeira classe de importantes companhias aéreas e criou a Associação dos Restaurantes da Boa Lembrança, por meio da qual o cliente ganhava o prato customizado com a ilustração da iguaria com que se alimentou. Todo o aprendizado que desenvolvemos sobre as práticas da boa mesa nos restaurantes do Brasil, a cultura e o serviço do vinho certamente passam pelo nome de Danio Braga, um dos grandes motivadores, professor, palestrante, incentivador do hábito do carioca de apreciar uma boa gastronomia, com vinhos de qualidade.

Ettore Siniscalchi é outro italiano que virou carioca. Seu pai, Emilio, era proprietário da Sorrento, no Leme, uma das primeiras cantinas italianas no Rio de Janeiro. Anos depois, abriu a Tarantella, na Barra da Tijuca. Ambas com enorme sucesso e qualidade. Ettore cresceu na cozinha, aprendendo na prática, e deu continuidade à tradição familiar iniciada pelo bisavô. Inaugurou o pastifício Ettore, pequena loja de massas que fez muito sucesso nos anos 1980 no Condado de Cascais, na Barra, aberta até hoje no restaurante que leva o seu nome: Ettore Cucina Italiana.

CHEGADA DE CHEFS INTERNACIONAIS

Outros cozinheiros italianos também conquistaram o Rio de Janeiro ao longo do tempo. Muitos deles preservaram a cozinha autoral de origem e fabricam pães artesanais, os mais diferentes tipos de risoto e muitas *paste* (massas) de espaguete, nhoque, ravióli e, é claro, as adoráveis pizzas, cujo consumo com ketchup e mostarda, hábito lançado pelos americanos, seria uma espécie de agressão ao bom paladar segundo os italianos. A farinha 00 (*doppio zero*), o azeite extravirgem, as folhas frescas de manjericão, o picante salame pepperoni, o queijo pecorino, o grana padano, o cogumelo shimeji, o presunto de parma seriam os ingredientes perfeitos para dar mais sabor às famosas redondinhas.

Além de franceses e italianos, chefs portugueses e espanhóis também trouxeram suas criações para o Rio de Janeiro. Os espanhóis apresentaram a paella, os churros e empreenderam bastante em rede hoteleira, restaurantes, casas noturnas e de espetáculos. No Brasil Colônia, palácios e fazendas também foram criações dos portugueses e a gastronomia lusitana já conquistava o brasileiro. Mesmo com referências francesas na decoração e na arquitetura e, em alguns casos, também na gastronomia, a influência portuguesa sempre foi predominante no Rio de Janeiro, com sua culinária farta e de porções generosas preservada até hoje.

A confeitaria é uma atividade de origens francesa e portuguesa. No setor de panificação, o pão doce é muito comum no Brasil, também herança da culinária de Portugal. A receita varia conforme a região de origem e ele pode ser encontrado facilmente em padarias e confeitarias do Rio de Janeiro. Consiste em um pão de massa doce com creme de baunilha, decorado com pedaços de frutas em calda, cobertura de fondant ou geleia. A cozinha francesa também faz sucesso com as pâtisserie, o petit gâteau, os profiteroles, a quiche lorraine – iguarias calóricas, mas de sabor indescritível.

Ao longo do tempo, movimentos traziam novidades. Afinal, o desenvolvimento das cidades provoca esse comportamento. É o caso do barão austríaco Max von Stuckart. Trazido da Europa pela família Guinle, proprietária do Copabacana Palace, Max desenvolveu em sua cozinha uma série de clássicos da culinária internacional, apresentando outra dinâmica na seleção de pratos inusitados que seguiam o modelo europeu. Um padrão que agregou valor e deu bastante visibilidade ao hotel, mostrando algo diferenciado e o quanto a gastronomia é ampla e pode se renovar.

Falando um pouco sobre a Alemanha, precisamos mencionar o ambiente cervejeiro. Talvez a bebida mais famosa e querida do Rio de Janeiro. Servido bem gelado, o chope sempre foi considerado uma bebida suave e refrescante, ideal para o clima tropical e principalmente para o verão carioca, de temperaturas elevadas. Essa simpática bebida, com borda cremosa e tulipa bem tirada, tem forte identidade com a cidade e tornou-se muito apreciada pelos cariocas e visitantes, além de ter absoluta sintonia com as praias.

O chope foi trazido ao Rio de Janeiro pelos alemães, que em busca de temperaturas mais baixas subiram a Região Serrana e muitos se estabeleceram por lá. Assim, desenvolveram a cultura germânica em cidades como Nova Friburgo, Petrópolis, Itaipava e Teresópolis, onde é comum encontrarmos uma cozinha típica alemã, como o chucrute, as tradicionais salsichas, o famoso croquete alemão bem fresquinho e crocante, com recheio para lá de saboroso.

Os suíços também chegaram e subiram a Serra. Com eles, trouxeram sua culinária típica e bem diferenciada, como o fondue, as batatas rosti, o strudel e queijos especiais. A culinária suíça teve grande influência dos vizinhos França, Alemanha e Itália. Apesar do clima tropical do Rio de Janeiro, diferente da baixa temperatura na Suíça, suas iguarias são bem-aceitas pelo brasileiro. A Casa da Suíça foi um restaurante tradicional que funcionou por muitos anos no bairro da Glória, atendendo a uma clientela segmentada. Volkmar Wendlinger era o maître da casa e passou a ser proprietário em meados de 1970 – sempre muito atencioso e solícito com os clientes no salão. Com ambiente romântico e certo charme europeu, o local sempre foi muito procurado por quem buscava degustar um fondue. Sempre foi muito frequentado por empresários e autoridades da cidade.

De origem suíça, o fondue é um prato bastante apreciado no inverno.

EMPREENDEDORISMO PORTUGUÊS

Antes de 1808, a cozinha do Rio de Janeiro era formada essencialmente pela cultura portuguesa, mas com forte influência indígena e africana. Entre os séculos XVI e XIX, muitos africanos foram trazidos para o Brasil e deram importante contribuição para a alimentação brasileira. A influência negra naquele momento já desenhava seu protagonismo na culinária nacional, no ensinamento de técnicas diferenciadas, novos temperos e ingredientes, que provocavam um conjunto de sabores até então não vistos por aqui.

Com o passar dos anos, as famílias de classe média alta, que sempre gozavam de privilégios, tinham em suas cozinhas boas receitas elaboradas por cozinheiras negras contratadas, processo iniciado décadas antes, quando as escravizadas negras iniciaram a prática de seus saberes nas cozinhas das fazendas da época. As iguarias lusitanas dividiam espaço na mesa com o urucum, a castanha-do-pará, o caruru, o vatapá, a cocada, o quiabo, o inhame, o dendê e o guaraná, uma legítima cozinha afro-brasileira.

O avanço mais representativo da culinária com identidade nacional ocorreu em 8 de março de 1808, com a chegada de D. João VI e a família real, período que provocou mudanças importantes nas receitas e nos ingredientes. Em *Carlota Joaquina, princesa do Brasil*, filme de Carla Camurati, com o ator Marco Nanini no papel de D. João VI e Carlota interpretada pela atriz Marieta Severo, D. João era um sujeito bom de garfo, bastante guloso e carregava frangos assados inteiros no bolso da casaca. Há quem diga que a família real costumava arregaçar as mangas e encarar de verdade o fogão. O próprio D. João gostava de aprovar e alterar receitas. Carlota Joaquina, a esposa do rei, tinha o hábito de derramar doses de aguardente nos sucos de frutas, o que tempos depois ficou conhecido por batida. Entre as iguarias preferidas de D. João, estavam a galinha à cabidela e o angu à brasileira, este feito com miúdos de boi, farinha de mandioca ou de arroz substituindo o fubá de milho. Isso ilustra de maneira interessante a miscigenação entre a culinária tradicional africana e os costumes europeus, em especial na cultura portuguesa.

Em razão do desenvolvimento da cultura açucareira em terras brasileiras, a culinária portuguesa revelou uma tradição doceira muito rica, com a elaboração de doces, compotas e bolos variados. A grandiosa variedade de frutas do Brasil tropical e a expressiva quantidade de açúcar proporcionou criações de sobremesas das mais diversas combinações. Os cadernos de receitas, passados de mãe para filha, devidamente registrados e organizados, com diversos descritivos de preparos culinários, cumpriram uma importância quase bíblica na tradição familiar do passado. A filha herdava a literatura preciosa que, muitas vezes, vinha da bisavó e era preservada por gerações até chegar em suas mãos. Cabia a ela colocar literalmente a mão na massa para preparar as receitas. Em tempos de Google e programas de TV, com receitas ensinadas de maneira didática e com muita comodidade, essa prática ficou bastante enfraquecida nos últimos anos.

EMPREENDEDORISMO PORTUGUÊS

Das Minas Gerais, adquirimos a inusitada mistura de feijão, farinha, couve e carnes salgadas, o que chamamos de feijão-tropeiro, bem como a mistura de polvilho azedo com queijo, que resulta no simpático pão de queijo. Ambos fazem parte com sucesso do tradicional cardápio mineiro.

Sobre a culinária alemã, o filósofo Hermann Blumenau foi um dos primeiros imigrantes a chegar no sul do Brasil, onde fundou a colônia São Paulo de Blumenau, comunidade em Santa Catarina que deu origem à cidade de Blumenau. Foi lá que surgiram os pratos à base de carne de porco, embutidos, salada de batata, croquete, chucrute, o pão preto e uma ampla variedade de cervejas artesanais, além do strudel de maçã e das cucas recheadas. De certa forma, no entanto, o que marcou definitivamente a gastronomia do Rio de Janeiro e do Brasil foi o desembarque da comitiva portuguesa no Rio de Janeiro.

A tradição portuguesa compunha uma refeição farta, variada e, ao mesmo tempo, influenciada por protocolos franceses e suas etiquetas de boas práticas à mesa. A família real, porém, sentia falta dos queijos alentejanos, presuntos, sardinhas, figos, azeitonas. Com isso, o comércio era necessário para apresentar esses novos alimentos, então houve a abertura das primeiras tendinhas, com importação de produtos que aos poucos conquistariam o paladar brasileiro. Esse percurso histórico proporcionou uma base bem consolidada de hábitos e cultura alimentar no Brasil, e tornou possível a uma geração de portugueses com espírito empreendedor prosperar em novos negócios, principalmente relacionados ao comércio de alimentos e bebidas.

A trajetória desses portugueses com espírito empreendedor fez sucessores ao longo de décadas. Essa enorme capacidade dos migrantes portugueses que por aqui chegaram, com muita coragem, disposição e determinação, fez com que iniciassem diversas frentes de trabalho, conseguissem se adaptar à cidade e buscar oportunidades de prosperar em diversos modelos de negócios. O comércio que passa de pai para filho, seja uma padaria, seja um mercadinho ou uma quitanda. Muitos também chegavam ao Brasil por causa da guerra, pois sempre havia um familiar para dar o primeiro acolhimento. Essa necessidade de sobreviver em outro continente provocava ainda mais o desafio aguerrido de empreender.

GASTRONOMIA DO RIO DE JANEIRO

O Rio de Janeiro em sua versão lusitana, além do caldeirão do Estádio de São Januário, oferece bons programas para os amantes da terrinha. O Adegão Português é um deles. Situada no Campo de São Cristóvão, a casa serve iguarias à base de bacalhau que fazem tremendo sucesso. Pratos clássicos como o zé do pipo, bacalhau cozido ao leite e gratinado, com purê de batatas e molho de cebola e alho; o joão mendes, bacalhau assado no forno, em posta, com batatas cortadas em rodelas e cebolas refogadas no azeite.

Pérola carioca, o Adegão foi inaugurado em 1964 em São Cristóvão e, tempos depois, abriu a filial da Barra da Tijuca. Em razão da qualidade de sua gastronomia, o restaurante conseguiu atrair clientela cativa. Seus fundadores, Manuel Barcia Riveiro, Francisco Alonso, Zeferino Riveiro e De Franco Rafaelle, souberam montar uma operação que consegue oferecer uma legítima culinária portuguesa para os clientes, mantendo bons ingredientes e porções fartas, como reza o figurino das terras de D. João.

Em um amplo casarão em frente à lagoa Rodrigo de Freitas, o Rancho Português é outro restaurante que faz parte do circuito da boa culinária portuguesa. O ambiente remete aos mais diversos elementos que traduzem o clima lusitano, com azulejos decorativos, pratos afixados nas paredes, louças, utensílios e trilha sonora customizada. O primeiro piso da casa foi batizado de salão D. João VI e o segundo andar denomina-se D. Pedro I. Além da adega bem estruturada, no cardápio não faltam boas opções de bolinhos, bacalhau, polvo e ampla variedade de sobremesas.

Empreendedor português aguerrido, Rui Tomaz comanda a Tasca do Marquês, na Barra da Tijuca. Com gastronomia de qualidade e bom custo-benefício, Rui gosta de receber e conversar com a clientela. Alisa o bigode e, com sotaque carregado, conta boas histórias, como o surgimento dos doces conventuais, denominação de origem portuguesa atribuída às sobremesas criadas por padres e freiras na cozinha dos conventos.

Ao atravessar a Baía de Guanabara, o bairro Ponta da Areia, em Niterói, acolhe o premiado restaurante Gruta de Santo Antônio, comandado pela portuguesa Henriqueta Henriques e seus dois filhos: Alexandre e Marcelo. Dona Henriqueta, como é conhecida na cidade, ficou viúva do marido, Agostinho, quando os filhos ainda eram crianças. Com muita luta e perseverança, característica do empreendedorismo português, conseguiu transformar a Gruta de Santo Antônio, inicialmente uma pensão, em um dos restaurantes mais premiados e reconhecidos de gastronomia portuguesa no Brasil.

Com cozinha de qualidade e bem estruturada, o estabelecimento apresenta uma imponente adega de vinhos com rótulos de várias regiões e procedências, mas principalmente de origem portuguesa, que têm lugar de destaque nas prateleiras. A Gruta de Santo Antônio atravessa o tempo com tradição, qualidade e sempre cativando uma imensa clientela, que se apaixona não somente pelo serviço da casa mas também pela boa gastronomia e pelo carisma da querida Dona Henriqueta e de seus filhos, Alexandre Henriques e Marcelo, os quais contam com a ajuda preciosa das esposas e filhos para administrar o restaurante atualmente. Um dos projetos da família foi montar uma tasca no Leblon com o nome Henriqueta. O local simplificou a vida do carioca, que não precisa mais atravessar a ponte para provar as iguarias lusitanas da família Henriques. "Batem ponto" lá artistas, celebridades, empresários e jornalistas, como Bruno Thys, Gustavo Vieira e Paulo César Vasconcellos. Recentemente, o chef Alexandre desligou-se da operação para assumir a cozinha do Gruta do Fado, na Barra da Tijuca.

Ainda em Niterói, bem no Centro antigo da cidade, encontramos o Caneco Gelado do Mário. Também de origem portuguesa, Mário não sai do balcão por nada. É lá que ele prepara a receita da massa que dá origem aos deliciosos bolinhos de bacalhau, pastéis e todo tipo de iguaria com porções bastante generosas, como arroz de camarão, arroz de polvo, cozido, entre outras. Cerveja sempre gelada, boas batidas e uma turma fiel que também sai da cidade do Rio de Janeiro e de outros municípios, atravessa a ponte ou pega a barca para conhecer o local.

Com a chegada da família real portuguesa ao Rio de Janeiro, em 1808, houve um expressivo desenvolvimento econômico e o crescimento do comércio. A cidade de Niterói também foi protagonista nesse processo em razão da chegada de imigrantes portugueses a seu território. Boa parte deles fixou moradia no bairro Ponta da Areia, em especial na localidade chamada Portugal Pequeno. Ao longo do tempo, muitos portugueses passaram a trabalhar na indústria naval, pois na região havia muitos estaleiros, e boa parte empreendeu outros negócios. O segmento de padarias, mercearias, bares e restaurantes foi um dos mais ocupados pelo empreendedorismo lusitano. Assim surgiram inúmeros estabelecimentos comandados por portugueses.

Na época, a culinária com pescado apresentava importante crescimento e o bacalhau era uma iguaria que inspirava inúmeras receitas com base na tradicional cozinha portuguesa. Dessa maneira, várias espécies de bacalhau deram origem aos mais variados pratos, isso fez com que o peixe se tornasse identidade regional da gastronomia de Niterói. A Lei 3.644, de 13 de outubro de 2021, de autoria do vereador Fabiano Gonçalves e sancionada pelo prefeito Axel Grael, tornou o bacalhau patrimônio cultural e imaterial do município de Niterói. Assim, o poder executivo está autorizado a organizar eventos que incluam a iguaria como tema cultural e gastronômico na semana de comemoração de aniversário da cidade, em novembro. A celebração ocorrerá com a organização da primeira edição do Festival de Bacalhau de Niterói, consolidando o bacalhau como importante identidade gastronômica da história e da vida da cidade.

Na região de Portugal Pequeno, o Bar Decolores se manteve por anos em funcionamento. O bar vendia almoço para os trabalhadores da indústria naval, mas também atendia a turistas e visitantes com uma genuína culinária portuguesa, com pratos de bacalhau e bolinhos como tira-gosto. O Centro da cidade de Niterói, que fica ao lado do bairro Ponta da Areia, sempre abrigou um forte comércio português, com padarias, restaurantes e bares sempre comandados por eles.

Um pouco mais distante, na região das praias oceânicas, especificamente no bairro Cafubá, um desbravador corajoso montou a casa portuguesa que leva o seu nome: Seu Antônio do Bacalhau, exemplo de valentia e de empreendedorismo. Com muita disposição, energia e força de trabalho, em uma região residencial ele abriu o restaurante cuja cozinha é reconhecida por ter excelente qualidade e preço justo. Seu Antônio é querido pelos moradores da cidade e a cada dia conquista visitantes que chegam de longe para provar sua comida.

O antropólogo Darcy Ribeiro era um de seus clientes e logo se tornou amigo. Na parede do restaurante, é possível conferir fotos de visitantes famosos e um desenho em homenagem a Darcy. O sucesso da casa é tão grande que Seu Antônio abriu, em frente ao restaurante, o Bar da Fila, que oferece um pouco mais de conforto a quem espera o tempo passar até ser chamado. Nos dias atuais, filhos, nora, toda a família ajuda Seu Antônio no serviço, e a qualidade se mantém com uma boa cozinha e um time de garçons que toda a clientela conhece pelo nome. Todo mês de agosto o estabelecimento fecha por 30 dias e os funcionários tiram férias, é quando Seu Antônio pega um avião e vai para a terrinha. Só reabre em setembro. Mais um ato de coragem, pois poucos comerciantes abrem mão do Dia dos Pais e de outros dias de bom faturamento.

GASTRONOMIA DAS AREIAS

As praias do Rio de Janeiro sempre se destacaram como um famoso cartão-postal da cidade. Imagens divulgadas em diversos países, sempre aguçando o desejo do estrangeiro de visitar o balneário cercado por morros arborizados, a areia repleta de atividades esportivas, o mar atraente e sedutor, ver gente bonita e o calçadão eclético de personagens. No passado, postais impressos eram comercializados nas bancas de jornais, com garotas de biquíni caminhando pela areia. Eram cafonas, mas faziam sucesso. Associar mulher a praia sempre esteve no imaginário do carioca e dos turistas. Somam-se a isso os esportes da areia, o passeio no calçadão, um mergulho no mar e o uso da praia como um espaço de apropriação simbólica, um lugar para relaxar, exercitar, socializar.

Uma prática muito condenada é levar comida ou até mesmo um lanche para a praia. Alguns anos atrás era mais frequente as famílias chegarem à areia com isopor repleto de bebidas e sanduíche embrulhado em papel-alumínio. Até frango assado já foi protagonista de almoços praianos, e quem levava era logo taxado de farofeiro. Esticava-se a esteira, abria-se a cadeira, a barraca e o cenário do lazer estava pronto. Atualmente, cangas e toalhas substituem as antigas esteiras, as cadeiras ficaram um pouco mais confortáveis, o cooler tomou o lugar do antigo isopor e as caixinhas JBL viraram a nova sensação, com repertório musical variado.

No Rio de Janeiro dos tempos atuais, boa parte dos frequentadores da praia aprecia e valoriza a simpática gastronomia da areia. Além de conveniente e menos trabalhosa, mesmo que seja um pouco mais cara, cria-se também algum tipo de vínculo com os vendedores. A comida de praia, se assim podemos chamar, reúne ampla diversidade de iguarias. Referência baiana, o cuscuz, por exemplo, virou clássico praiano no Rio de Janeiro. Bem distribuído no tabuleiro, coberto com raspas de coco e leite condensado, o cuscuz é cortado em fatias e servido em guardanapo fino, que gruda levemente na boca. Mas saboreá-lo na areia quente, embaixo da barraca, com a brisa no rosto dá uma sensação de liberdade.

O coco gelado, cortado com o imenso facão com agilidade e habilidade, também tem alma baiana e é muito procurado nas praias da orla carioca. A água de coco é saudável e muito gostosa bem geladinha; comer os pedaços branquinhos do fruto no final, raspando a casca fibrosa, também é um hábito dos admiradores. A espiga de milho, quentinha e levemente banhada com água e sal, é outra iguaria do menu praiano, assim como o queijo coalho tostado com a quentura do carvão, transportado em pequenas churrasqueiras ambulantes.

No calor do verão, destaque também para o picolé, da China ou de marcas famosas, como Kibon; são os gelados no palito que fazem a alegria da criançada na praia. Elas não resistem quando percebem o vendedor caminhando pelas areias. Com o atleta Pepê como seu ícone maior no Rio de Janeiro, o sanduíche natural tem diversos sabores e formatos, adaptados e comercializados nas praias cariocas. De pasta de atum, frango, ricota, queijo, salpicão, há variações com pão de fôrma integral em sua maioria, sempre embrulhados em papel-alumínio.

O biscoito Globo certamente é o clássico carioca mais famoso das areias, nas versões salgada e doce; ambas fazem muito sucesso. O Globo é um biscoito de polvilho que conquistou em definitivo os frequentadores das praias no Rio de Janeiro. Considerado a melhor harmonização da praia para o biscoito Globo, o famoso mate é servido pelo vendedor, que caminha firme carregando preso ao ombro o barril tonel em aço inox com duas pequenas torneiras, da primeira sai o mate geladinho e da outra, o limão. Você pode misturar a gosto, e o jato da torneira proporciona um líquido espumante e bem gelado. A dica é dar o primeiro gole com boa disposição e depois pedir o "chorinho" para completar.

O camarão é outra iguaria praiana. Cada espeto contém em média oito camarões com casca, de tamanho médio a pequeno, e o vendedor oferece uma fatia de limão para o cliente temperar. Nessa hora, muito cuidado para não pingar sobre a pele e queimá-la com o sol. A cerveja pode ser uma boa opção de harmonização. Ultimamente a cerveja artesanal tem sido novidade também nas areias. A Cervejaria Irada, uma das primeiras marcas artesanais cariocas, que tem como sócio o ator Malvino Salvador, "bate ponto" no Posto 12, na praia do Leblon. O vendedor vem de longe gritando "Olha o maaaaaaalte", fazendo analogia ao vendedor de mate, que historicamente dá o mesmo grito, mas menciona o mate.

A orla carioca divide-se em várias praias, com nomes diferentes e sinalizada por postos. Cada uma delas expressa uma característica específica de território

– códigos, costumes e referência de trajetória histórica do local. Na praia do Leme, começamos com os postos 1 e 2, onde está o badalado quiosque Tatuí. No alto do Morro do Leme, está o Forte Duque de Caxias, exatamente onde inicia a praia. Trata-se de uma beira-mar mais tranquila, que tem ampla faixa de areia. Não por acaso o Leme é famoso pelo futebol de areia, que teve seu auge nos anos 1980: muitos craques do futebol profissional iniciaram a carreira no futebol de praia do Leme, como Júnior, Búfalo Gil, Marinho Chagas, Cláudio Adão, Edinho e Paulo Cezar Caju. Mas, sem sombra de dúvidas, Júnior Negão é o nome mais expressivo do futebol de areia, tornou-se a principal referência do *beach soccer* mundial e foi capitão da seleção brasileira.

As praias do Leme e de Copacabana são o berço do futebol de areia.

A praia do Leme e a orla de Copacabana eram palco de grandes jogos de futebol de areia com os times Copaleme, Yankee, Areia e Colorado. O Areia era o mais tradicional e a bola rolava na praia de Copacabana. Por ser um espaço público, a praia concentrava muita gente para assistir aos jogos. Ao longo do tempo, os torneios ficaram mais organizados. Os times eram formados por moradores do bairro, amigos de rua. Todo final de semana, ao cair da tarde, o calçadão lotava de espectadores do Leme ao Leblon para assistir aos jogos.

Limite com Copacabana, Urca e Botafogo, o Leme é um pequeno bairro residencial, tem moradores antigos, padarias tradicionais, bares e restaurantes famosos. No século XVIII, a região recebeu o primeiro loteamento e teve a primeira via aberta, que se chamaria rua Gustavo Sampaio e hoje abriga o badalado Leme Light e a Frédéric Epicerie, esta última do chef belga Frédéric De Maeyer. Um dos grandes nomes da gastronomia carioca, ele é mais um estrangeiro que chegou ao Rio de Janeiro como turista, apaixonou-se pela cidade e formou família. Trabalhou ao lado de Flávia Quaresma e Deise Novakoski no extinto restaurante Eça, que ficava na HStern, no Centro da cidade. Atuou posteriormente com seu bufê em eventos até montar o próprio negócio, onde prepara boas delícias para a clientela. De Maeyer é um cozinheiro completo, mas sua especialidade é pâtisserie, sobretudo receitas com chocolates belgas.

Na mesma rua, o Leme preserva o Shirley, tradicional restaurante de frutos do mar. Instalada desde 1954 em uma loja pequena e simpática, a casa mantém a tradição de toalhas brancas nas mesas, garçons de casaca e uma vitrine logo na chegada, onde repousam belos camarões VG. Na mesma calçada, um pouco mais adiante, a Confeitaria Marina, localizada quase na esquina com a rua Antônio Vieira, mantém todo sábado pela manhã sua fila pelo frango assado.

GASTRONOMIA DAS AREIAS

Logo adiante, O Pão é uma das boas novidades do bairro, com cafeteria e pães artesanais para os clientes.

Na Avenida Atlântica, orla do bairro, fez história o lendário restaurante La Fiorentina, com culinária italiana e ponto de encontro de famosos há muitas décadas. Suas paredes ostentavam mensagens e assinaturas de personalidades de cinema, televisão, esporte e sociedade. E, logo na entrada, uma escultura de Ary Barroso feita em bronze dava boas-vindas aos clientes. Também na Avenida Atlântica outra cozinha italiana de qualidade valoriza a gastronomia do bairro, o Da Brambini. No Leme temos uma importante preciosidade gastronômica, o Marius Degustare, que tem à frente Marius Fontana, um dos fundadores da churrascaria Porcão e proprietário de uma casa dedicada à culinária de pescado.

O restaurante D'Amici também compõe com qualidade o polo gastronômico do Leme. Não há como deixar de citar o famoso Hotel Méridien, cujo prédio imponente ficava na Avenida Atlântica, esquina com a Avenida Princesa Isabel. Era tradição todo dia 31 de dezembro assistirmos ao vivo ou na televisão (não existia internet nessa época) a famosa cascata de fogos do Méridien, um verdadeiro espetáculo que encantava turistas e moradores da cidade. Foi no Méridien que se instalou, no 37º andar, o estrelado restaurante Le Saint-Honoré, com vista privilegiada e deslumbrante da praia de Copacabana.

O Le Saint-Honoré foi inaugurado pelo lendário Paul Bocuse com a participação prodigiosa do chef Laurent Suaudeau, por isso era considerado o berço da alta gastronomia francesa do Rio de Janeiro e palco de jantares sofisticados e memoráveis. Uma verdadeira escola que formou diversos cozinheiros que por ali passaram. O hotel sediou por muito tempo os lançamentos do *Guia Danusia Barbara*, jornalista conceituada e especializada em gastronomia que, além de escrever para o *Jornal do Brasil*, publicava um roteiro anual dos restaurantes da cidade. Os eventos lotavam, eram uma espécie de encontro dos profissionais da gastronomia todos os anos. Com muito prestígio, Danusia fazia um descritivo dos estabelecimentos que conhecia em suas visitas. Anos depois o Méridien se transformou no Windsor Hotel, e o Le Saint-Honoré foi desativado. Atualmente o prédio abriga o Hotel Hilton.

Bem no início da praia do Leme, "colado" mesmo na pedra, encontra-se a Mureta do Leme, quiosque com vista privilegiada que oferece um cardápio de drinques e petiscos. Durante a semana, há pratos executivos para o almoço, aos sábados e domingos o quiosque apresenta programação de música ao vivo. Em tempos de pandemia, os donos do premiado bar Bafo da Prainha abriram o Ginga, situado no Posto 1. Um tremendo sucesso de público, o que não é surpresa alguma.

Em seguida, temos a vizinha "princesinha do mar", apelido dado por Nana Caymmi à praia de Copacabana, uma das mais famosas praias do mundo. Copacabana é um bairro populoso da zona sul e reúne um pouco de tudo e de todos. Um grande número de idosos, muitos turistas, garotas de programa, travestis, botecos pé-sujo, prestadores de serviço dos mais sérios até os mais picaretas.

Na praia de Copacabana, temos os Postos 3 ao 6, que ficam entre o hotel Copacabana Palace e o Forte de Copacabana. Ao longo do percurso, além da faixa de areia ocupada por barracas de bebidas, vendedores de toda ordem e o amplo mar, temos no calçadão quiosques gourmet. Copacabana é o bairro que mais acolhe turistas no Rio de Janeiro, distribuídos na ampla rede hoteleira com mais de 100 estabelecimentos das mais diversas estrelas. Trata-se de uma praia prestigiada por inúmeros países e conhecida em diversos continentes.

No fim do ano, Copacabana apresenta a tradicional queima de fogos de réveillon, com shows ao longo da orla produzindo imagens que circulam em todo o mundo. Em frente aos Postos 2 e 3, está o hotel Copacabana Palace. Fundado em 1923, é o hotel mais tradicional e referência na cidade do Rio de Janeiro, com personagens e histórias memoráveis. Passaram por ali inúmeras celebridades, autoridades, chefes de Estado. Já falamos em outro capítulo sobre a gastronomia do Copacabana Palace e sua encantadora história.

No calçadão da praia, há uma estátua em homenagem ao piloto Ayrton Senna. Já no Posto 4, no calçadão, o quiosque Coisa de Carioca tem ambiente com música ao vivo. O público pode relaxar e apreciar o cardápio de petiscos e espetinhos, batizados em homenagem às gírias cariocas, como "mermão" e "caraca!". No Posto 6, na altura do Forte de Copacabana, temos as estátuas do poeta Carlos Drummond de Andrade e do compositor baiano Dorival Caymmi.

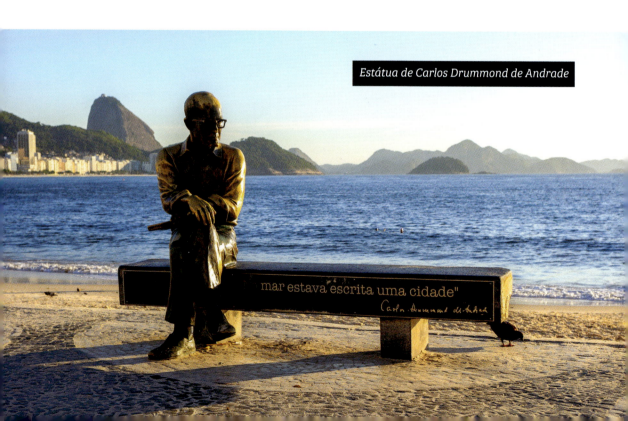

Estátua de Carlos Drummond de Andrade

Forte de Copacabana: museu, cafés e vista privilegiada do Rio

Fundada em 1923, ali também está a Colônia de Pescadores Z13, privilégio do morador do bairro, que tem à disposição um pequeno e simpático espaço com a sombra de amendoeiras, onde é possível comprar peixe fresco diretamente dos pescadores, importante contribuição para a cadeia produtiva da gastronomia de pescado. Ali também é o local preferido da turma de *stand up paddle*, caiaques e canoa havaiana.

Ao visitar o Forte de Copacabana, sentados em uma das mesas da Confeitaria Colombo, grande patrimônio da cidade, fundada em 1894 por imigrantes portugueses (sempre eles), temos uma vista linda de toda a orla. Já falamos sobre a primeira unidade da Colombo por aqui, no Centro da cidade, localizada em um prédio histórico, estilo Belle Époque. Um café da manhã na Confeitaria Colombo do Forte de Copacabana é um programa especial. Um café delicioso acompanhado da clássica torrada Petrópolis será sempre algo convidativo.

Café da manhã na Confeitaria Colombo, no Forte de Copacabana

Como qualquer balneário turístico, Copacabana tem muita oferta de aluguel de cadeiras e mesas na areia. Aos domingos, o calçadão é fechado e, assim, as pessoas fazem caminhada, usam patins, bicicletas, carrinho de bebê na pista bloqueada para carros. É o bairro com a maior densidade populacional. Seu

GASTRONOMIA DAS AREIAS

Nezio é um dos ambulantes que caminham sobre a areia quente para vender o biscoito Globo doce ou salgado. Muitos como ele têm na praia o ganha-pão, são empreendedores praianos não somente na gastronomia mas também em produtos como canga, bolsas, sacolas, biquínis, cordões e pulseiras artesanais, além de artistas que tocam instrumentos à noite, pintam quadros, fazem performances e até escultura na areia.

O Posto 9 talvez seja o local com mais opções gastronômicas. Além do mate gelado, do biscoito de polvilho, do camarão no espeto, do tabuleiro com cuscuz, temos o milho no potinho e na palha, a esfiha de espinafre, o queijo coalho, o sacolé de frutas. É lá que também encontramos a Barraca do Leandro e a Barraca do Batista.

No pós-praia em Copacabana, temos boas opções, como o Galeto Sat's, um dos preferidos da turma. Trata-se de uma das galeterias mais tradicionais do Rio de Janeiro, que funciona há mais de 50 anos. Como diferencial, costuma ficar aberta quase 24 horas. O cardápio é aquele que agrada sem medo de errar: galeto completo com farofa, arroz, linguiça, batata frita e molho à campanha – clássico imbatível que merece ser acompanhado por uma tulipa de chope com três dedos de pressão.

Na rua Siqueira Campos, encontramos a Adega Pérola, que também faz parte do rol de casas antigas da cidade. Foi inaugurada em 1961 e sempre fez sucesso pela ampla variedade de petiscos, sempre de boa qualidade. São receitas com sardinhas, linguiça feita de sangue de boi, anchovas salmouradas, testículos de boi, mexilhões, ostras, entre outros. O clássico e antológico Pavão Azul é outro boteco de gala de Copacabana. Situado na esquina da Hilário Gouveia, sempre com mesas bem ocupadas, oferece uma linha saborosa de bolinhos e petiscos.

GASTRONOMIA DO RIO DE JANEIRO

Mais uma herança sulista no Rio de Janeiro, a Churrascaria Palace é uma das mais tradicionais da cidade. Iniciou no bairro do Leme e, em 1962, mudou-se para a rua Rodolfo Dantas, em Copacabana. Picanha, fraldinha, lombinho, carneiro, linguiças fazem parte do rodízio de espeto corrido. A Palace é frequentada por cariocas, mas há uma clientela muito grande de turistas, principalmente os que gostam de "pegar" uma praia e depois se refrescar em ambiente refrigerado com um bom churrasco e chope gelado. Até hoje a churrascaria mantém um pianista no salão principal, tocando clássicos da bossa nova e outras melodias que tornam o lugar agradável e aconchegante. Certa vez, o tricampeão mundial Paulo Cézar Lima, o PC Caju, foi à Palace para um almoço com amigos. Logo que avistou o craque, o pianista tratou de mudar o repertório e engatou o hino do Botafogo, clube de coração do PC, que lá jogou por um bom tempo. Foi um momento especial que despertou a atenção dos clientes e provocou uma salva de palmas para Paulo Cézar, que sorridente se sentiu carinhosamente homenageado. Mérito do pianista, que teve agilidade e sensibilidade.

GASTRONOMIA DAS AREIAS

Logo depois do Forte de Copacabana, seguindo pela orla, temos o Arpoador, praia de destaque na história do surfe do Rio de Janeiro. Em seguida, está a praia de Ipanema, eternizada nas canções do movimento da bossa nova, com Tom Jobim, Vinicius de Moraes, Carlos Lyra, Nara Leão, João Gilberto. A praia de Ipanema é bastante movimentada e reflete muito o que é o Rio de Janeiro, com seu alto astral, suas areias lotadas no verão, o pôr do sol aplaudido no Arpoador. Em Ipanema, o quiosque Clássico Beach Club agrada bastante a turistas e moradores da cidade.

Um dos importantes empreendimentos que o bairro ganhou foi o Hotel Fasano, considerado projeto de grife e um dos mais queridos da hotelaria carioca. Com o desejo de proporcionar uma nova experiência para o público com algo mais próximo da praia, o grupo criou o Marea, quiosque gourmet que funcionava em frente ao hotel, aberto ao público em geral, não somente para hóspedes. Com assinatura do grupo Fasano e qualidade cinco estrelas de sua localização, o Marea apresentava um cardápio extenso que começava no café da

manhã, passando por antepastos, petiscos e gastronomia do mar. Em razão da pandemia, o quiosque infelizmente encerrou as atividades, mas passou o bastão para quem sabe do assunto: Pedro de Lamare, um dos sócios da rede Gula Gula. Com vasto conhecimento do mercado gastronômico carioca, ele abriu no local o de Lamare Gastrobar – uma das boas novidades que o Rio de Janeiro ganhou em tempos pós-covid.

Com mais de 100 anos de existência, o Leblon recebeu esse nome em homenagem ao francês Charles Leblon, carioca de coração que chegou ao Rio de Janeiro em 1830. Proveniente de Marselha, ele fundou sua empresa, a Navegação Aliança, com a finalidade de explorar a pesca de baleias no litoral do Rio. Parte do charmoso bairro, a praia do Leblon fica perto do Morro do Vidigal e tem vista privilegiada do Morro Dois Irmãos. É uma praia mais segmentada, com presença de artistas, escritores e paparazzi de plantão.

No Posto 11, o Azur foi um dos primeiros quiosques abertos no projeto de gourmetização da orla. Inspirado em Côte D'Azur, ele tinha cardápio com base em pescado e assinado pelo jovem chef Pedro de Artagão. Outro quiosque de sucesso é o La Carioca Cevicheria. Com clima praiano e gastronomia do Peru, o lugar é bastante adequado para quem procura alimentação leve à base de bons ceviches, com ambiente descontraído.

Na Barra da Tijuca, encontramos na Praia da Reserva opções como o Pesqueiro, com frutos do mar sempre frescos, aperitivos, casquinhas de siri, porções de lula, polvo, lagostins, mexilhões e camarões. Iniciado em Copacabana e Botafogo, há também o Seu Vidal, quiosque no Posto 5 que oferece como destaques sanduíches tradicionais que você pode saborear enquanto aprecia uma bela vista para o mar. Ainda na Praia da Reserva, o Cavalo Marinho dispõe de estrutura confortável, com cardápio variado de frutos do mar e carta de drinques. Nos fins de semana, o quiosque apresenta música instrumental ao vivo.

Nas praias do Recreio e de Grumari, o público encontra o Clássico Beach Club, que oferece cardápio de petiscos e peixes, além de decoração mais descontraída. O fato é que essa interação areia e asfalto, em que comemos enquanto "pegamos" um sol na praia, damos um mergulho e depois decidimos o que fazer na hora de ir embora, torna-se um programa carioca bem conjugado. A praia cumpre papel de socialização e proporciona o lugar do encontro combinado ou já estabelecido pela rede, quando se pratica determinado esporte cotidianamente.

No caso dos esportes, eles também são motivo de confraternizações semanais nos pontos de atuação. A turma do *beach tennis* faz o churrasquinho, ou a turma do voleibol, do futevôlei, da peteca, do frescobol e da canoa havaiana. Amizades em formato de "clubes" são consolidadas. A praia proporciona descontração, revigora a alma, traz benefícios para a saúde com a exposição ao sol, que estimula a produção de vitamina D, fundamental para diversas atividades do organismo, e provoca sensação de bem-estar. As pessoas optam por dar uma "esticada" em algum programa pós-praia e então entram em cena um chopinho gelado, um petisco, um almoço descontraído. Essa é uma marca evidente de muitos estabelecimentos da zona sul do Rio de Janeiro e do estilo carioca de viver.

ABERTURA AO MERCADO INTERNACIONAL

Já citamos o rápido crescimento comercial do Rio de Janeiro com a chegada da família real, momento significativo para a abertura dos portos e o desenvolvimento do mercado. No início da década de 1990, a economia do Brasil passou por uma modernização com a abertura comercial iniciada pouco antes do governo Fernando Collor de Mello e continuada no governo Fernando Henrique Cardoso. Diversas mudanças favoreceram a estabilidade econômica, com crescimento da renda dos cidadãos.

Esse cenário melhorou a imagem do país no exterior e contribuiu para a abertura da economia ao mercado internacional, favorecendo a criação de novas fontes de investimentos e financiamento para o setor. Foi um momento de grande importância para a trajetória da economia brasileira, pois o protecionismo tarifário da indústria nacional que tínhamos até então foi rompido. Além disso, até a década de 1990, o Brasil tinha pouco contato com a alta gastronomia da

Europa, consolidada de maneira efetiva com a abertura de mercado e a redução de impostos sobre alimentos importados, o que possibilitou a entrada de insumos até então inacessíveis ao mercado brasileiro.

A redução das tarifas de importação e o fim de exigências rigorosas para a compra de produtos importados ocasionaram uma concorrência mais acirrada com as empresas nacionais. Algumas fecharam as portas por não terem conseguido oferecer um produto competitivo com as novidades que chegavam de fora. Por outro lado, a abertura econômica foi importante porque forçou a indústria nacional a se modernizar, a melhorar seus produtos e investir de modo mais efetivo em suas operações. Com esse novo cenário industrial mais promissor e uma economia mais dinâmica, foi possível a chegada de diversos insumos internacionais que contribuíram para aperfeiçoar e sofisticar a culinária brasileira.

A abertura comercial foi um divisor de águas para o setor de alimentos e bebidas do Brasil e do Rio de Janeiro. Houve uma democratização das cozinhas, com acesso a iguarias que não tínhamos por aqui, principalmente pelas receitas de chefs estrangeiros que já ocupavam a rede hoteleira e alguns restaurantes da cidade. Um restaurante de culinária italiana, por exemplo, que até então servia uma lasanha tradicional ou massas com molho de tomate e poucas variações, começava a produzir receitas com shimeji, shiitake, azeite trufado, queijo pecorino, grana padano, presunto cru ibérico, parma, entre outros. Antes da abertura, havia pouquíssimas opções de vinhos e muitos com procedência e qualidade duvidosas. Era comum comprar vinhos populares em garrafão de 5 litros e fazia sucesso a linha de vinhos alemães Liebfraumilch branco. Considerava-se o Liebfraumilch de garrafa azul um estágio superior. Por serem mais refrescantes e adequados ao clima do Brasil tropical, os vinhos brancos eram bastante consumidos, mas não faziam frente à cerveja, grande preferência nacional.

ABERTURA AO MERCADO INTERNACIONAL

A maioria dos brasileiros não tinha o hábito de degustar vinhos. Beber champanhe, por exemplo, era algo raro; provávamos pela primeira vez quando jovens, em alguma festa de casamento da família. Na hora de cortar o bolo, era tradição "estourar" uma champanhe e brindar, mas o serviço nem sempre era feito de maneira correta. A champanhe é um espumante produzido na região de Champagne, nordeste da França, por um processo de fermentação da uva e tem variações. Às vezes o bolo dos noivos apresentava cobertura de glacê, que harmoniza com um espumante mais adocicado, como o moscatel, no entanto organizadores de cerimônia não atentos a esse detalhe serviam aos convidados espumantes extra brut ou nature, que são mais secos. Essa ausência de doçura faz com que o espumante não harmonize bem com o alimento doce e não proporcione sabor agradável quando degustado.

De lá para cá, muita coisa mudou. O brasileiro hoje tem acesso aos mais diferentes rótulos de champanhe: desde a família francesa, como Moet Chandon, Veuve Clicquot, Taittinger, aos espumantes italianos da Lombardia, Toscana e de diversas regiões. E, claro, há também boas novidades vindas do sul do Brasil. Rótulos de vinhos rosé, brancos e tintos, das mais diversas procedências e regiões, ocupam hoje a mesa do brasileiro. No portfólio dos tintos, passamos a ter uma carta de vinho com enorme variedade nos restaurantes. Mais que isso, adegas amplas, abastecidas com rótulos argentinos, italianos, franceses, espanhóis, portugueses, sul-africanos, californianos. O brasileiro de classe média começou a almoçar e jantar fora de casa com mais frequência; cresce a alimentação fora do lar.

O vinho passou a ser uma bebida consumida o ano inteiro, até mesmo na estação mais quente do ano. Os proprietários dos restaurantes no Rio de Janeiro descobriram que era necessário ter aparelhos de ar-condicionado bem potentes para segurar o cliente e fazê-lo beber vinho em temperatura agradável. Os médicos, por sua vez, atuavam como bons propagandistas: afirmavam que o vinho fazia bem para a saúde, pois os taninos combatem radicais livres. Tudo dava certo e o vinho conquistou em definitivo seu espaço na rotina do carioca, que acolhia outra bebida, não somente o chope estupidamente gelado.

O italiano Danio Braga foi protagonista nesse processo. Em 1983, no Rio de Janeiro, como já citado, ele criou a Associação Brasileira de Sommeliers (ABS), organização não governamental sem fins lucrativos que forma até hoje centenas de profissionais para atuação no mercado de vinho, no aperfeiçoamento do conhecimento sobre o tema e em seus desdobramentos.

O sommelier é o profissional que cria a carta de vinhos.

A ABS sempre teve excelente corpo docente, alguns ilustres como o craque e querido Celio Alzer, levado pela covid-19 durante a pandemia, e o professor Euclides Penedo Borges, cujo nome também batiza a vinícola argentina de sua propriedade, representada no Brasil pela importadora Asa Gourmet e administrada por Ana Luisa Bernacchi Santos, empresária de sucesso do setor e, nas horas vagas, tenista craque nas quadras de saibro do Caiçaras.

Os cursos da ABS são reconhecidos por todo o segmento de bares e restaurantes, com programações regulares para profissionais do setor e amadores.

ABERTURA AO MERCADO INTERNACIONAL

Membro da Association de la Sommellerie Internationale (ASI), com sede em Paris, a ABS participa de concursos mundiais da categoria desde 1986. Em 1982, conseguiu um feito inédito: trouxe o concurso para o Rio de Janeiro, reunindo pela primeira vez fora da Europa dezenas dos melhores profissionais do serviço de vinhos do mundo. Hoje é reconhecida internacionalmente pela atuação de suas seccionais em 13 estados do país, em especial no Rio de Janeiro, em São Paulo e Brasília, e referência quando o assunto é vinho.

Quando falamos sobre gastronomia, associamos a prática culinária ao conjunto composto de alimentos e bebidas nos contextos cultural e regional, relacionados à necessidade do ser humano ou a um interesse ocasional. O aprendizado das práticas gastronômicas faz parte desse universo. O caráter educativo do alimento vai desde a busca e a escolha da matéria-prima ao preparo, cozimento e protocolo do servir à mesa.

O Brasil conta com um crescimento expressivo de profissionais de cozinha e salão, além do aperfeiçoamento de outros profissionais que atuam em fornecimento de produtos, representação comercial, logística, administração, finanças e marketing. A oferta de cursos de graduação em gastronomia teve crescimento relevante em instituições públicas e privadas nos últimos anos, isso mostra a expansão dos negócios em serviços de hospitalidade na área.

A primeira escola de ensino superior em gastronomia na Europa foi fundada em Paris. Criada em 1895, a Le Cordon Bleu é considerada uma das mais importantes e famosas instituições do mundo. Já nos Estados Unidos o ensino superior em gastronomia iniciou em 1946, com a criação da The Culinary Institute of America (CIA), instituição que também é referência na área até hoje.

No Brasil, durante o período do Estado Novo, de 1937 a 1945, surgiram cursos técnicos e profissionalizantes, mas a gastronomia por aqui ainda era uma área de conhecimento muito recente. Não havia grande repertório acadêmico e estudos científicos sobre o tema, por isso era necessário um estudo mais aprofundado para melhor abordagem. É bem verdade que outras temáticas com linha de atuação semelhante tiveram importante avanço, como os cursos de nutrição, cuja base de ensino trouxe importante contribuição para o setor de bares e restaurantes.

O profissional de nutrição passou a integrar o time de muitos estabelecimentos comerciais, contribuindo para a composição de cardápios, compra de insumos e treinamentos da brigada de cozinha e salão. Até cerca de 1990, a profissão de cozinheiro no Brasil era exercida basicamente por pessoas sem formação, muitas delas migrantes do Nordeste que vinham para o Rio de Janeiro tentar

ABERTURA AO MERCADO INTERNACIONAL

a vida como operários, porteiros, pedreiros ou trabalhadores das cozinhas de restaurantes. Em todo o mundo, de 1940 a 1970, os cursos na área eram essencialmente profissionalizantes e ministrados por instituições de ensino técnico. Diante da demanda crescente em razão do aquecimento do setor na década de 1970, era urgente qualificar o profissional para ocupar o mercado.

O primeiro curso técnico de formação de cozinheiros no Brasil foi criado em 1969 pelo Serviço Nacional de Aprendizagem Comercial (Senac), em Águas de São Pedro. Mas a procura pelo ensino superior em gastronomia no Brasil aumentou no final dos anos 1990, com cursos de bacharelado, tecnólogo e especialização que atraíram o interesse de pessoas de todas as idades e diferentes classes sociais. A demanda foi tão grande que muitos não tinham noção do curso que estavam fazendo. Várias escolas faziam propagandas mostrando o glamour da profissão de chef de cozinha, o que muitas vezes não retrata a realidade de quem se forma cozinheiro (pois chef é hierarquia) e precisa enfrentar uma cozinha dinâmica, com temperatura elevada, e ter muita disposição para administrar pedidos em momentos de grande movimento no restaurante.

Nos dias atuais, há quem diga que a gastronomia passa por uma ruptura em razão da globalização, do incremento da tecnologia e, ao mesmo tempo, do processo de resgate da regionalização. O fast-food em duelo com o slow food é um cenário que ilustra a situação. Como já dito, o processo de internacionalização da cozinha a partir da década de 1960, inicialmente na Europa, depois em outros países e em meados de 2000 no Brasil, fez com que tivéssemos um movimento global da alimentação, possibilitando o acesso a insumos de todas as partes do continente. Isso favoreceu o movimento da cozinha regional, que reconhece e valoriza o desenvolvimento local dos territórios produtores de determinado alimento.

Foi após a Segunda Guerra Mundial que o então chamado *american way of life* (estilo de vida americano) se propagou mundo afora, mudando de maneira contundente os parâmetros da gastronomia francesa, cuja base eram receitas bastante elaboradas e de difícil execução. Com a expansão das cadeias de fast-food, a começar pelo sucesso da marca McDonald's, o mundo conheceu uma nova concepção de alimentação, que mudou a maneira de produzir e comercializar o alimento. Um novo comportamento do consumidor frente a um novo conceito de alimentação, prioritariamente mais rápida em razão da rotina profissional nos grandes centros urbanos e da necessidade de uma vida mais dinâmica. Mas isso ocasionou também um certo descaso com os cuidados à saúde, já que boa parte desse tipo de cardápio contém excesso de frituras, condimentos e sorvetes.

No fim dos anos 1980, em viés contrário, surge o movimento slow food, que busca retomar a essência do convívio à mesa, do comer e beber devagar, e preservar as tradições de receitas e ingredientes regionais perdidas com a globalização. Nesse panorama, desenvolveu-se a comensalidade e, por consequência, a gastronomia como área de conhecimento. O movimento ganhou força e, atualmente, compreende-se que produzir o alimento e estimular a sua cadeia produtiva pelo desenvolvimento econômico regional tem imenso valor para o convívio da sociedade. É necessário entender a riqueza do aprendizado e das trocas culturais nos territórios contemplados. As cozinhas devem favorecer esse pertencimento histórico com a valorização do ato de se alimentar não somente pela necessidade fisiológica mas também por entender a função social e cultural dessa ação em um conjunto simbólico de fatores. É a gastronomia como elemento agregador, como resgate cultural, como rito de encontro e trocas. A hospitalidade para dar, receber, retribuir e as tratativas da comensalidade proporcionam novas experiências de convivência.

Agora vamos dar um pequeno passo fora do estado do Rio de Janeiro. O carioca pouco conhece um destino turístico muito interessante no Espírito Santo: as serras capixabas, onde encontramos a região de Pedra Azul, no município de Domingos Martins. O local reúne inúmeros produtores rurais, de agricultura familiar, o que torna a região absolutamente produtiva.

Ao percorrer as pequenas estradas de terra em Pedra Azul, é possível encontrar fazendas de cultivo de cogumelo, morango, abacaxi, taioba, milho, produção de queijos e muito mais. A região foi colonizada por italianos, o que também favoreceu uma alta gastronomia de qualidade, com restaurantes bem estruturados e cozinhas bem cuidadas. No passado, o cônsul italiano Deottilio Destefani contribuiu para esse processo ao criar um programa que levava jovens da região para a Itália, país com experiência no pós-guerra que saberia montar um programa de capacitação de aproveitamento de alimentos. Eles voltaram com formação técnica e espírito para empreender no local com o aprendizado obtido, o que é de fundamental importância para o desenvolvimento econômico regional, o pertencimento histórico do jovem ao território, o empreendedorismo, o fomento para o turismo local, com a agricultura regional como atrativo.

Enquanto isso, o estado do Rio de Janeiro passa por algumas transformações. A agricultura familiar do interior começa a descobrir outras possibilidades não restritas ao leite e ao gado. A aquicultura tem sido uma boa saída, já que boa parte do estado é favorecida por terras de excelente topografia para a construção de tanques e viveiros, bem como por fontes de água em abundância. Temperaturas mais elevadas praticamente o ano todo também são um ponto favorável para o desenvolvimento da aquicultura.

ABERTURA AO MERCADO INTERNACIONAL

O Norte Fluminense tem sido um importante polo de piscicultura no estado, com cultivos de tambaqui, carpas e, principalmente, tilápias. Já a Região Serrana tem experimentado resultados favoráveis com criação de trutas, promoção de cursos de formação, experimentos com novas formulações de ração e toda ordem de temas relacionados à atividade de truticultura. Na região de Sampaio Corrêa, situada no município de Saquarema, está a Peskdo, empresa familiar especializada no cultivo de peixes de água doce. Em pouco tempo de existência, a empresa se tornou uma das principais referências no segmento de piscicultura da região, com a oferta de produtos de excelência no mercado. Seu campo de produção tem 28 mil metros quadrados de área e estrutura que contempla diferentes estufas.

Atualmente a empresa tem dois módulos de cria, recria e engorda, com capacidade de produção de 20 toneladas de peixe por mês, além de criar e comercializar juvenis. A criação é feita em tanques elevados, em sistema de recirculação (Recirculating Aquaculture Systems – RAS), processo ecologicamente correto. O Brasil é o quarto maior produtor de tilápia no mundo, perdendo apenas para China, Egito e Indonésia. Um dos destaques da Peskdo é a criação de tilápia, um dos peixes mais consumidos no Brasil. O resultado já pode ser percebido na mesa do consumidor. Muitos restaurantes oferecem a tilápia em seus cardápios, com ótima aceitação.

O pirarucu é um dos principais símbolos da Amazônia e as comunidades tradicionais da floresta fazem de seu manejo uma iniciativa de conservação muito bem-sucedida. A marca Gosto da Amazônia surgiu para enaltecer os principais valores defendidos e praticados pelas instituições envolvidas: preservação da natureza, comércio justo, desenvolvimento econômico e social sustentável.

O pirarucu é um dos maiores peixes de água doce do planeta.

ABERTURA AO MERCADO INTERNACIONAL

Em 1999, o manejo do pirarucu começou a ser implementado na Reserva de Desenvolvimento de Mamirauá e hoje é feito em unidades de conservação, por populações tradicionais da Amazônia. Desde 2019, o Sindicato de Bares e Restaurantes do Rio de Janeiro (SindRio) atua com o projeto Gosto da Amazônia para apresentar as qualidades gastronômicas do pirarucu de manejo. Um elenco de renomados chefs do Rio de Janeiro foi convidado a viajar para a Amazônia e lá cozinhar com a comunidade indígena local, trocando receitas e aprendizagens, prática por eles denominada sensibilização inicial. Estavam presentes nomes como Andressa Cabral, Claude Troisgros, Damien Montecer, Frédéric Monnier, Katia Barbosa, Marcelo Barcellos, Nao Hara, Natacha Fink, Ricardo Lapeyre, Roberta Sudbrack, Rodrigo Guimarães, Roland Villard e o grupo de ecochefs formado por Ana Ribeiro, Ana Pedrosa, Bianca Barbosa e Teresa Corção. Todos desenvolveram conhecimentos e técnicas diversas com a criação de receitas, que na segunda fase do projeto foram transformadas em conteúdo de oficinas ministradas para outros chefs, funcionários e pessoas interessadas no tema.

Apreciar a boa gastronomia está relacionado ao processo de hospitalidade: o atendimento, a música do ambiente, a percepção dos gestos, os aromas, os códigos estabelecidos no local. Esse conjunto de fatores fez surgir a concepção de um modelo de operação eficiente, por meio do qual os restaurantes devem sempre buscar a experiência positiva do cliente. É isso que cria vínculo, fideliza e ocasiona propaganda boca a boca positiva. Em tempos de internet, favorece a criação de posts que viralizam e, mais adiante, possibilita o surgimento de influenciadores digitais, uma nova narrativa para as marcas.

A trajetória da gastronomia no Brasil teve etapas diferentes ao longo do percurso, acompanhando sempre o comportamento da sociedade, seja no processo político, seja no processo econômico ou social, o que ocasionou momentos marcantes. Já dedicamos um capítulo inteiro à chegada de chefs estrangeiros ao Rio de Janeiro. Foi justamente nessa época, por volta de 1970, que esses profissionais solidificaram a culinária de base internacional em razão da chegada de grandes hotéis de luxo à orla da zona sul da cidade, ainda que esse trabalho pudesse ser apreciado por poucos, já que nem todo mundo tinha condições financeiras de frequentar hotéis de luxo, sobretudo uma cozinha de alta gastronomia francesa.

Era caro jantar em um desses lugares em razão dos ingredientes importados. No entanto, após a abertura comercial, o mercado teve acesso às iguarias e com preço mais acessível, o que reduziu o valor nos restaurantes e proporcionou receitas criativas e cada vez mais diferenciadas. A composição dos alimentos também passou a contar com a tecnologia e o conhecimento mais amplo para sua elaboração. Era o início de jovens cozinheiros no mercado, de uma nova estética voltada para o sabor do alimento principal, com pratos mais simples, bem estruturados, com aproveitamento mais versátil das receitas. Uma cozinha moderna, mais contemporânea e democrática.

Com tantas influências socioculturais, tantos protagonistas oriundos de diversos cantos do mundo e do próprio Brasil, o cenário gastronômico do Rio de Janeiro estabeleceu um contexto inovador. O alimento seria o objeto de satisfação das necessidades dos indivíduos de acordo com a essência de consumo, em que os campos da hospitalidade – principalmente no Rio de Janeiro, que apesar de todos os problemas sempre foi e será um balneário receptivo e alegre com seus turistas – e do entretenimento estão aliados à estética de um território repleto de beleza natural, com praias, montanhas, florestas e um povo resiliente e animado.

ABERTURA AO MERCADO INTERNACIONAL

Não por acaso é chamada carinhosamente de Cidade Maravilhosa. O ato de se alimentar, a percepção de aspectos culturais e históricos, o valor da experiência vivida no rito de comer, beber e se divertir fazem parte de um processo que vai além das questões relacionadas aos aspectos nutricionais e de saúde, mas também está ligado à arte do bem comer, do saber escolher e do viver.

Restaurantes badalados, bares consagrados e novidades muito bem-vindas convivem lado a lado nas ruas do Rio.

Em 1994, em parceria com o The Culinary Institute of America, o Senac lançou o curso Cozinheiro Chef Internacional, o primeiro curso de gastronomia pago no país, com apenas professores americanos, chefs de cozinha que se mudaram para o Brasil. Até então, os cursos de culinária eram direcionados ao ensino de truques básicos de cozinha para quem desejasse praticar em casa, bem como cursos livres de capacitação para cozinheiros.

Em 1999, surgiram os primeiros cursos superiores de gastronomia no país, como o curso superior de formação específica em gastronomia da Universidade Anhembi Morumbi, em São Paulo, o bacharelado em turismo com habilitação em gastronomia na Universidade do Sul de Santa Catarina, em Florianópolis, entre outros. Logo em seguida, o Senac passou a oferecer o curso de tecnologia em gastronomia, com a possibilidade de os egressos seguirem carreira prática na cozinha ou acadêmica. Mesmo assim, a oferta de cursos de gastronomia no Brasil ainda era baixa. A partir da década de 2000, no entanto, houve um aumento significativo em todo o território brasileiro de cursos na área. Época também de um aumento expressivo de programas sobre gastronomia e culinária exibidos na televisão por assinatura, o que ocasionou a glamourização da profissão. Com a ampla formação de profissionais de cozinha, surgiram muitos empreendedores e isso mostrou o potencial do país para o desenvolvimento econômico. As tendências comprovam que o futuro do Brasil está caminhando para o setor de serviços, e o setor gastronômico tem lugar de destaque nesse contexto.

GASTRONOMIA CARIOCA PÓS-PANDEMIA

Durante a escrita deste livro, achávamos que a pandemia da covid-19 estava prestes a terminar, daí surgia uma nova variante para ficarmos alerta, afetar o comércio e ameaçar a sobrevivência de algum estabelecimento. Era difícil saber se algum restaurante havia resistido ou fechado as portas nesses tempos sombrios. Com o trabalho em home office, o funcionamento de bares, lanchonetes e restaurantes do Centro do Rio de Janeiro, por exemplo, foi prejudicado. Alguns ainda esperam o retorno do movimento frenético de antes; outros voltaram, mas com operação em outra medida e formato, com ajustes na operação. É o caso do experiente chef Ramon, à frente do lendário Rio Minho. Durante a pandemia, Ramon fechou o salão principal da casa, reduziu a equipe e montou uma varanda com cadeiras ao ar livre e cardápio ajustado. Atualmente o salão está em pleno funcionamento. Ser criativo, arrojado e assumir riscos virou um mantra para lidar com os desafios que a pandemia nos impôs.

A pandemia da covid-19 fez com que o setor gastronômico se reinventasse.

Por outro lado, muita coisa boa surgiu assim que a pandemia deu uma trégua. É difícil listar os novos estabelecimentos que surgem todos os dias. Agora mesmo novas operações são abertas no Rio de Janeiro, com a oferta de novos sabores para o público. Além do aprendizado para se adaptar aos novos tempos, o espírito empreendedor se mostrou aguçado, reforçando a velha frase "onde há crise, há oportunidade". E teve gente aproveitando isso no Rio de Janeiro.

O Jappa da Quitanda é uma boa opção da culinária oriental que marca território no Rio de Janeiro com unidades no Centro, em Copacabana, Ipanema e Niterói. O Le Vin Bistrô Rio também se faz presente, com lojas no Leblon e na Barra da Tijuca. O Chanchada Bar reforça o time de bares que hoje coloca o bairro de Botafogo como um epicentro de botecos a céu aberto. Com uma

GASTRONOMIA CARIOCA PÓS-PANDEMIA

linha conceitual vintage, em uma releitura de botequim dos anos 1970, o local encanta não somente pelo bom chope gelado mas também pela decoração com banquinhos vermelhos redondos no balcão, piso retrô, cores diferenciadas e um ventilador clássico instalado na parede.

O Tutto Nhoque segue com unidades em Botafogo, Jardim Botânico, Niterói e Barra da Tijuca. Massas vegetarianas, canelones de queijo de cabra e muitas delícias da cozinha italiana preparadas pela chef de cozinha Helena Murucci. A unidade do Jardim Botânico virou ponto de encontro da jornalista Anna Maria Ramalho (*in memoriam*), da assessora de imprensa Gilda Mattoso (de Encrenca) e do ator e diretor Aloísio de Abreu, que faziam juntos uma divertida live toda sexta-feira e, depois, saíam para brindar. O bistrOgro, de Jimmy Ogro, também é uma das boas casas que a cidade ganhou. Outra boa notícia foi a reabertura do restaurante de Roberta Sudbrack. Há ainda o Porco Amigo Bar, mais uma novidade em Botafogo; o Belisco Bar de Vinhos, da sommelier Gabriela e da chef Monique Gabiatti; o Sabor das Águas, no Leblon.

Idealizada por Gabriel da Muda e com formato de bistrô e delicatessen, na Barra da Tijuca, a Fabro Padaria tem pães diferenciados. Os chefs Ricardo Lapeyre e Manoela Zappa apresentam também boas-novas ao ocupar o ponto da extinta Casa Carandaí, do mestre João Garcia, o bravo Janjão, que tempos atrás cedia o sobrenome para o espetacular Garcia & Rodrigues, no Leblon. Ricardo e Manoela abriram no local o Prosa na Cozinha, espaço múltiplo com mercearia, padaria, bar de vinhos, bistrô e escola de gastronomia.

No Downtown, Valdir Mocellin – que por anos fez sucesso com o grupo Porcão – ampliou o seu Vamo (abreviação de seu nome). O que era um improviso nos tempos pandêmicos, com mesas a céu aberto, agora se tornou definitivo. Um boulevard gastronômico com mesas debaixo de árvores bucólicas e um palco para música ao vivo, em formato pocket. O Downtown foi um dos locais com ótima adaptação aos tempos de covid. Sua estrutura possibilita conhecer uma gastronomia prazerosa a preços convidativos. Por lá, temos o Rosita Café, sob o comando de Pedro e sua mãe, que inspirou o nome da casa; o Mironga, de Luiz Carlos Varejão, cuja varanda apresenta uma parede de azulejos idealizada por sua irmã, Adriana, obra inédita também exposta no Instituto Inhotim; e tantas boas opções com mesas ao ar livre.

No quebra-mar, sob o comando de Neodi Mocellin, a Peixaria Mocellin também é uma adorável novidade, com boa gastronomia de pescado. Com o padrão de qualidade já conhecido desde os tempos do Porcão, a família Mocellin mostra que não entende somente de carnes e apresenta uma linda casa, com belo visual praiano. O Sebastian Gastrobar foi aberto no Baixo Gávea, bem perto do burburinho do Braseiro e com o Guimas como bom vizinho. Por falar nisso, moradores de São Conrado ainda sonham, quem sabe, com uma possível reabertura do Guimas no Fashion Mall, um dos shoppings mais charmosos do Rio de Janeiro, onde o restaurante fez história nos anos 1980 com o mestre e querido Chico Mascarenhas e equipe.

Como já dito, o craque camisa 10 Pedro de Lamare – um dos grandes nomes da gastronomia carioca, sempre representou muito bem o setor durante décadas com o Gula Gula – abriu o de Lamare, charmoso gastrobar na praia de Ipanema, com petiscos de pescado, bons drinques e uma vista deslumbrante do Morro Dois Irmãos. Pedro sempre foi um personagem muito querido na cidade. Em meados dos anos 1980, quando o Gula Gula de Ipanema ainda existia, ele costumava reunir boas mesas de amigos, como a do produtor João Mário Linhares com os músicos Zé Renato, Ricardo Silveira, Marcos Ariel e outras feras da música instrumental brasileira, que naquela época tinha amplo espaço na cidade em casas como Jazzmania, Rio Jazz Club e People Down.

Outra novidade em tempos pandêmicos é o Babbo Osteria, que desembarcou em Ipanema e tem feito sucesso; o Boteco Rainha, no Leblon, comandado pelo premiado chef Pedro Artagão, é sinônimo de qualidade e está sempre lotado. A lista de novos bares e restaurantes no Rio de Janeiro não acaba: Bocca del Capo, Tasca da Mercearia (da turma da Mercearia da Praça), Mesa do Lado (outra novidade do mestre Claude Troisgros), Clan BBQ (eleito o melhor restaurante de carnes pelo Prêmio Rio Show de Gastronomia), Itacoa Rio (com nova unidade no Leblon), Haru Sushi Bar, Nino (restaurante italiano de São Paulo que desembarcou em Ipanema) e tantos outros que fica muito difícil manter a lista atualizada.

Já contamos muitas histórias e trajetórias a respeito do setor gastronômico do Rio de Janeiro. É claro que boa parte delas nos remete ao passado. Um breve passeio aos dias atuais nos mostra que muita coisa avançou. Tempos atrás era comum jornais e revistas lançarem no fim do ano uma matéria com o título "Quem tem a cara do Rio", na qual constavam nomes de jogadores de futebol, socialites, artistas, mas raramente gente da gastronomia. Programas de TV como o *Deles & Delas*, com Leleco Barbosa e Ana Maria Nascimento e Silva, inicialmente na TVE e depois na TV Bandeirantes, traziam somente entrevistados dos meios político e empresarial. No *Jornal Hoje*, da TV Globo, havia uma coluna sobre moda, comandada pela jornalista Cristina Franco, e outra sobre música, apresentada por Nelson Motta. Não era comum a gastronomia ter destaque nos veículos de comunicação.

Até que surgiu, em 1990, um espaço semanal em que a repórter Sandra Moreyra, na TV Globo, cobria eventos ou apresentava pautas gastronômicas bem fundamentadas. O tempo passou e nomes como José Hugo Celidônio e Claude Troisgros foram os primeiros a trazer a imagem do chef para a mídia carioca. Hoje temos canais de televisão com inúmeros programas sobre gastronomia, boa parte deles estrelados por grandes chefs de cozinha, a começar pelo próprio Claude Troisgros. Mais que um reconhecimento à profissão, a mídia valorizou e até glamorizou o ofício de cozinheiro. O jornal *O Globo* foi um importante veículo que abriu espaço editorial para o setor e articulou diversos projetos voltados para a gastronomia na cidade, dando visibilidade a inúmeros profissionais do segmento. Os prêmios Rio Show de Gastronomia, Água na Boca e, o mais expressivo, que se mantém até hoje, Rio Gastronomia, que já faz parte do calendário de eventos da cidade do Rio de Janeiro e presta enorme contribuição para o mercado.

GASTRONOMIA CARIOCA PÓS-PANDEMIA

O Rio de Janeiro de hoje colhe os louros do que foi plantado no passado, com estabelecimentos que perduram em razão de os sucessores assumirem o negócio dos pais e avós. Surge também o jovem empreendedor com boas ideias, preparado para os desafios do mercado com um novo modelo de gestão, pautado pela transformação digital, nova estética arquitetônica, logística e estratégias de marketing diferenciadas.

A partir dos anos 1980, o segmento de bares e restaurantes começou a trabalhar com assessorias de imprensa, o que era fundamental para divulgar produtos e serviços. Diferentemente da publicidade, que opera no campo comercial da propaganda, do anúncio pago, panfletário, o serviço de assessoria de imprensa atua somente com as redações dos meios de comunicação, fazendo com que o fato relevante, a abertura de uma nova casa, a contratação de um novo chef de cozinha, o lançamento de um prato, um festival gastronômico se tornem notícia no jornal, na revista, rádio ou TV.

Com a chegada da internet no Brasil em 1988 e, sobretudo, do Facebook em 2004 e do Instagram em 2010, as assessorias de imprensa se transformaram aos poucos em agências de comunicação integrada, oferecendo entrega mais ampla com serviços de administração e monitoramento de redes sociais digitais, gestão de tráfego pago e impulsionamentos, curadoria de influenciadores digitais, criação e desenvolvimento de websites, gestão de crises em ambiente digital, além de outras atribuições que já faziam parte de seu escopo operacional.

Jornalistas com experiência em redação montavam escritórios para o mercado que se expandia. Nomes como Sergio Pugliese, Germana Costa Moura e Beth Garcia, da Approach; Cristina Moretti e Ivandel Godinho, da In Press; Luciana Neiva, com a Mural Comunicação; Marcela Esteves, da Plano e Mídia; Bianca

Teixeira, da BT Comunicação; Patrícia Greijal e Simone Katz; Maria Vargas, Mariana Fonseca, Sylvia Braconnot, da Documennta; Luisi Valadão, da Lupa Comunicação; Aura Pinheiro, da Auracom; Raquel Pantaleão, da C Comunicação; Luiza Sampaio com sua Arteiras; e outros escritórios mais recentes que surgiram ao longo do tempo e mostraram a importância desse trabalho para o segmento.

A gastronomia carioca também conta com iniciativas primorosas, como a do chef Daniel Hertz com sua Gastromotiva, que desenvolve a nova percepção do alimento utilizado como ferramenta de transformação social, prática inclusiva com processo de aprendizagem e combate ao desperdício. A organização já apresenta resultados importantes no Brasil, no México e em El Salvador. É o que eles chamam de Movimento de Gastronomia Social. Ainda no contexto social, a Universidade Federal do Rio de Janeiro (UFRJ) criou um curso de gastronomia para pessoas transgênero. Denominado TransGarçonne, o curso é aberto à comunidade e forma profissionais para atuar no setor de bares e restaurantes. São projetos que expressam sensibilidade e desenvolvem um olhar importante na sociedade. Inovadores, autênticos, criativos e absolutamente necessários como pautas relevantes e atuais.

A pandemia provocou mudanças e oportunidades para novos estabelecimentos. Mas também contribuiu para novos projetos no universo digital. A dupla Igor Mauricio e Jimmy Ogro criaram o FoodTopia, primeiro videocast de gastronomia do Brasil. Sempre com um entrevistado do setor gastronômico em um bate-papo animado e descontraído, o programa vai ao ar semanalmente no canal do YouTube. Além disso, influenciadores digitais do ramo que visitam restaurantes e relatam a experiência ocupam o posto de um importante canal de comunicação quando exercem autoridade social sobre os fiéis seguidores e alcançam bom engajamento nas postagens.

Influenciadores digitais contribuem para a divulgação de bares e restaurantes.

Diferente do passado, quando reconhecíamos somente os cozinheiros estrangeiros que por aqui chegavam com receitas diferenciadas, nos dias de hoje temos uma safra de craques que formam uma nova geração de talentosos chefs no Rio de Janeiro, nomes como Rafael Costa e Silva, Felipe Bronze, Pedro de Artagão, Christiano Ramalho com seu Bistrô da Casa e outros tantos que surgem a cada instante.

Sem falar no protagonismo feminino: mulheres que ganham lugar de destaque com reconhecimento e premiações. Flávia Quaresma é uma das mais expressivas desse universo. Com experiência em gastronomia internacional, Flávia é formada em Paris e usa a culinária francesa como base de seus pratos, unindo sabores com iguarias brasileiras. Muito criativa e inovadora na cozinha, já publicou livros e participou de programas na TV ao lado de Alex Atala e Claude Troisgros. Dona de enorme carisma, Flávia Quaresma é um dos grandes talentos da gastronomia do Rio de Janeiro. Destaque também para Teresa Corção, Silvana Bianchi, Carla Pernambuco, Roberta Sudbrack, Andréa Tinoco e as mais recentes, como a chef Morena Leite, Heaven Delhaye, Monique Gabiatti, Tati Lund, Nathalie Passos, Roberta Ciasca e tantas outras.

A pandemia foi um fenômeno que forçou bares e restaurantes a fecharem as portas e clientes a ficarem reclusos em suas casas, sem sair para trabalhar ou passear. Isso fez com que o delivery tivesse amplo crescimento. Estabelecimentos que não usavam esse tipo de serviço passaram a direcionar as operações especificamente para esse fim. Surgiram diversas *dark kitchens* (cozinhas fantasmas) – modelo de negócio em que a cozinha é montada somente para preparar a comida e entregá-la na casa do cliente, sem atendimento presencial. Com isso, houve a criação de novos aplicativos de entrega e o aperfeiçoamento daqueles que já dominavam o mercado. Ainda que o percentual de ganho dos aplicativos fosse alvo de reclamação de donos de restaurantes, era difícil não fazer parte do processo, sobretudo pelo constante aprimoramento das plataformas. Talvez isso seja um entrave e uma pauta a ser debatida para uma negociação que consiga atender a ambos os lados.

Um ponto negativo do sistema de delivery é a falta de estrutura e logística para acomodar os entregadores enquanto aguardam os pedidos. É comum nos depararmos com motos estacionadas de maneira inadequada, ocupando o espaço público, entregadores deitados no chão, concentrados em seus celulares. Isso pode incomodar a vizinhança e pessoas que transitam pela calçada. Há casos também de entregadores que transitam com cano de descarga barulhento, insistem em fazer manobras ousadas e avançam semáforos. Conduta que muitas vezes desafia a imensa necessidade de a comida chegar em tempo recorde à casa do cliente e, ao mesmo tempo, ameaça a paz no trânsito e aumenta o caos urbano.

Perdas, dores, angústia. Um conjunto de sentimentos que a pandemia provocou em todo o planeta. Se existiu algo positivo, se é que podemos falar assim, foi o aprendizado da humanidade para lidar com os medos, rever a importância de ser solidário e colaborativo. O mundo parou. E a pandemia foi a oportunidade que todos tiveram para refletir sobre suas vidas e sobre como é possível e necessário construir novas práticas para uma sociedade melhor. A importância dos saberes culinários, de socializar à mesa e do alimento como rito bíblico, sagrado e necessário. Parar um pouco, respirar e pensar no que somos, no que queremos, de onde viemos e para onde podemos ir, no que dá sentido às nossas vidas e qual é o nosso verdadeiro propósito. Olhar para o lado e ver com atenção quem está com você.

A gastronomia tem função interessante nesse contexto: rotinizar o hábito de celebrar o alimento e a vida, eternizar momentos e registros na memória. Independentemente do território, entender a respeito de suas características e particularidades. Sempre teremos um novo olhar, uma nova experiência. O comer e o beber para saciar-se, mas também para experimentar novas conquistas e possibilidades. A identidade da cultura alimentar com a região, por meio da qual se proporciona uma trajetória histórica de trocas, saberes e aprendizagens. Essa foi a proposta destas páginas que aqui finalizamos.

FILÉ À OSVALDO ARANHA DO CAFÉ LAMAS

A HISTÓRIA

Prato típico carioca que homenageia o político gaúcho de mesmo nome, habituado a pedir o preparo todos os dias em um restaurante na Lapa. Consiste em filé-mignon alto ou contrafilé temperado com alho frito, acompanhado de batatas-portuguesas, arroz branco e farofa de ovos.

Inaugurado em 1874 no Largo do Machado, o Lamas é uma casa de referência para a boemia carioca. Em 1974, o restaurante foi transferido para a rua Marquês de Abrantes, onde permanece até hoje. Tradicional ponto de encontro de artistas, jornalistas, estudantes e intelectuais, o Lamas já foi citado em músicas como "Rio Antigo", interpretada por Alcione, além de ter sido inspiração para o livro *Salvador janta no Lamas*, do professor e escritor Victor Giudice, também frequentador do local e autor de uma narrativa que se passa no restaurante.

Milton Brito, um dos sócios, conta que foi no Lamas a criação do Clube de Regatas do Flamengo, em uma reunião entre os fundadores em uma mesa da casa. É por isso que há uma camisa do rubro-negro decorada em uma das paredes do restaurante. O poeta Manuel Bandeira escreveu: "O Café Lamas continua aberto, imortal, dessa imortalidade idêntica à da natureza que se renova a cada ano pela força da primavera."

RECEITAS AFETIVAS COM A IDENTIDADE DO ESTADO DO RIO DE JANEIRO

A RECEITA

100 g de bacon em cubinhos

50 ml de azeite

200 g de farinha

Sal a gosto

7 dentes grandes de alho

2 batatas médias

1 xícara de arroz branco

300 g de filé-mignon em medalhão

Pimenta-do-reino a gosto

150 g de couve em tiras

Farofa: frite o bacon no azeite e acrescente a farinha. Deixe tostar um pouco e acerte o sal.

Alho: fatie 6 dentes de alho em lâminas finas e frite por imersão em óleo vegetal, até dourar levemente.

Batatas: descasque as batatas e corte em lâminas de 0,5 cm de espessura, na longitudinal. Faça o pré-cozimento e frite em óleo. Salgue-as.

Arroz: cozinhe o arroz branco normalmente.

Filé: faça o corte borboleta (cortando ao meio, sem ir até o final), tempere com sal e pimenta-do-reino e frite-o aberto na frigideira com um fio de óleo.

Couve: doure de leve em 3 colheres de azeite 1 dente de alho amassado e acrescente a couve, apenas até murchar um pouco. Acerte o sal.

SOPA LEÃO VELOSO DO RIO MINHO

A HISTÓRIA

A sopa foi uma receita concebida pelo então ministro das Relações Exteriores do governo Vargas, Pedro Leão Veloso, frequentador assíduo do Rio Minho. O preparo é uma adaptação de um prato típico da culinária francesa, a sopa bouillabaisse, feita com peixe, lula e camarão, muito famosa na região do Mediterrâneo. O restaurante decidiu batizar a iguaria em homenagem ao ilustre cliente.

RECEITAS AFETIVAS COM A IDENTIDADE DO ESTADO DO RIO DE JANEIRO

A RECEITA

(RECEITA GENTILMENTE CEDIDA PELA ÁREA DE GASTRONOMIA DO SENAC RJ)

5 g de salsa lisa

5 g de cebolinha verde

50 g de coentro

1 g de coentro em grão

15 g de alho

150 g de tomate Débora

2 folhas de louro

130 g de camarão médio com casca

500 g de peixe branco inteiro

100 g de mexilhão com concha

q.b. de sal refinado

q.b. de pimenta-do-reino branca em grãos

30 ml de azeite extravirgem

100 g de carne de siri

250 g de lagostim

120 ml de vinho branco seco

1. Higienize os legumes e as ervas.
2. Lave os camarões inteiros.
3. Retire as escamas e eviscere o peixe. Corte em postas e reserve a cabeça e o rabo.
4. Reserve ⅓ da salsa e ⅓ da cebolinha inteira e corte o restante, assim como o coentro, em haché.
5. Toste o coentro em grão a seco em uma frigideira.
6. Retire a casca do alho e macere com o coentro em grão.
7. Retire a pele e as sementes do tomate e corte em concassé.
8. Coloque 1,5 l de água em uma panela e acrescente a cabeça do peixe. Faça um amarrado com ⅓ da salsa, ⅓ da cebolinha e as folhas de louro. Quando a água levantar fervura, junte o bouquet de ervas e deixe cozinhar em fogo baixo, lentamente, por 30 minutos. Coe e reserve o caldo.
9. Coloque o caldo coado de volta na panela e cozinhe os camarões com a casca por alguns minutos, até que fiquem cor de rosa. Retire os camarões do caldo, descasque e limpe. Reserve.
10. No mesmo caldo, cozinhe os mexilhões por 5 minutos ou até que as cascas se abram. Retire-os do caldo e tire as cascas. Coe o caldo novamente e coloque de volta na panela.
11. Acrescente o alho com o coentro, o restante da cebolinha picada, da salsinha picada e os tomates. Tempere com sal e pimenta-do-reino moída. Tampe a panela e cozinhe em fogo baixo até que tudo esteja macio.
12. Aqueça o azeite em uma frigideira e frite as postas de peixe temperadas com sal e pimenta-do-reino. Quando as postas estiverem prontas, tire da frigideira e retire a espinha e a pele do peixe. Desfie o peixe e acrescente ao caldo o siri, a lagosta, o camarão e os mexilhões.
13. Acrescente o vinho à frigideira em que fritou o peixe, deixe levantar fervura e adicione ao caldo. Verifique o tempero. Sirva quente.

ANGU DO GOMES

A HISTÓRIA

"Enquanto a cidade dorme, os amantes da noite consomem angu."
(Revista *O Cruzeiro*, 23/10/1974)

Em 1760, o marquês do Lavradio, vice-rei do Império, decidiu transferir o mercado de escravizados da Praça XV para os locais onde hoje estão os bairros Gamboa, Santo Cristo e Saúde, região que mais tarde abrigaria o porto do Rio de Janeiro. Foram esses escravizados africanos que trouxeram o angu para o Brasil. Descrito pelo pintor francês Debret como iguaria suculenta e gostosa, o angu, prato forte, de alto valor nutritivo, integrou-se rapidamente à culinária nacional.

Em 1955, o português Gomes teve a grande ideia de iniciar a comercialização dessa poderosa iguaria em carrocinhas nas ruas cariocas. Dez anos depois, com a morte do velho Gomes, Basílio Moreira, também português, que desde menino ajudava o pai em seus restaurantes, abandonou a sociedade com a família para, com João Gomes, transformar o comércio iniciado na década anterior pelo pai de João em negócio ainda mais próspero. Foi no Largo de São Francisco da Prainha, na Saúde, que em 1977 inauguraram um restaurante para fomentar um projeto de expansão, imprimindo um novo ritmo de produção de cozinha industrial ao processo. Eram cerca de trezentos funcionários, quarenta carrocinhas espalhadas pela cidade e uma média de mil refeições diárias. Diante de tamanho sucesso, a marca virou até verbete do *Pequeno dicionário de gastronomia*: "Angu do Gomes – Prato popular e típico da paisagem carioca, geralmente vendido nas ruas, em carrinhos próprios. É uma papa de farinha de milho, servida com carne ensopada com miúdos."

Bom e barato, por mais de duas décadas as carrocinhas representaram um democrático espaço de convivência: ricos e pobres, universitários, prostitutas, apostadores do "bicho" e intelectuais, as mais diversas camadas da sociedade reuniam-se para compartilhar um prato que representava um símbolo de resistência do Rio Antigo. Além de assistir à boemia como opção nas madrugadas cariocas, servia de inspiração para movimentos musicais. Conta a história que Sérgio Mendes, Tom Jobim e o produtor musical Armando Pittigliani se encontravam com frequência na Praça XV para comer o angu na famosa carrocinha. Segundo o produtor, foi dessa união entre músicos e angu que nasceu o que veio a ser chamado de samba-jazz. Basílio, aos 79 anos, relembra histórias curiosas acerca do angu. O presidente Juscelino Kubitschek, sempre que vinha ao Rio, encomendava a ele o angu, que era feito em panelas de aço inox. "Mandei fazer só para servi-lo." A fama de alimento ideal para um dia duro de trabalho ou uma boa noitada, já que para Basílio "o angu dá sustância, aquece, preenche e levanta", foi confirmada pelo milionário Jorginho Guinle (*in memoriam*), que garantia que o angu do Gomes era afrodisíaco.

O engenheiro agrônomo Ruy Gripp também afirma que, por seu significado nutritivo e econômico, deixar de comer angu é um triste registro de decadência alimentar no Brasil. "Enquanto você vai com o fubá, eu já estou voltando com o angu!"

O restaurante Angu do Gomes está de volta ao mesmo local que, de mercado negreiro, se transformou em centro de boemia, palco das primeiras rodas de samba e de capoeira do Rio. A intenção é unir boa comida à boa música, tudo sob a batuta do velho Basílio, presidente de honra da Casca – Confraria dos Amigos do Samba, Chro e Angu –, ajudando a recuperar a memória gastronômica, identitária e cultural de nossa cidade.

Fonte: angudogomes.com.br

A RECEITA

2 tomates

2 dentes de alho

1 ½ cebola

Cheiro-verde, manjericão
e sal a gosto

100 ml de água

½ kg de carne de soja

2 fios de azeite

2 dentes de alho

2 abobrinhas cortadas em cubos

2 batatas cortadas em cubos

1 berinjela cortada em cubos

200 g de molho de tomate

1 l de caldo de legumes
(½ salsão, ½ cenoura, 1 cebola e sal)

½ kg de fubá

1. Para o molho de tomate fresco, descasque os tomates e refogue com alho, ½ cebola, cheiro-verde, manjericão e sal, adicione a água e deixe cozinhar até reduzir. Aguarde esfriar e passe no processador.

2. Em um recipiente, coloque a carne de soja com água para hidratar por 10 minutos.

3. Transfira a carne para uma panela e deixe ferver. Escoe e esprema em um pano limpo para ela ficar bem seca.

4. Coloque um fio de azeite em uma frigideira e refogue a cebola e o alho.

5. Acrescente os cubos de abobrinha, de batata, berinjela e a carne de soja. Deixe cozinhar por, aproximadamente, 3 minutos.

6. Adicione o molho de tomate e deixe cozinhar por mais 10 minutos em fogo baixo.

7. Para a polenta, coloque um fio de azeite em uma panela, refogue bastante o alho e a cebola, acrescente o caldo de legumes morno e o fubá. Mexa a mistura sem parar, até alcançar consistência cremosa. Sirva o molho por cima do angu.

PORQUINHO DE QUIMONO DO BAR DA FRENTE

A HISTÓRIA

Mariana Rezende, proprietária do Bar da Frente, sempre contou com a ajuda de sua mãe, Valéria, na cozinha do Bar da Frente. Certo dia, Valéria desenvolveu a receita de porquinho de capote, petisco de costelinha de porco defumada com requeijão feita em uma massa de salgado. Mas não estava dando certo porque ficava muito oleoso. Foi então que o irmão de Mariana, o qual não entendia nada de cozinha, mas gostava de comer comidas chinesa e japonesa, sugeriu que a receita fosse feita com massa de harumaki. O teste deu certo e assim nasceu o petisco batizado como porquinho de quimono. Em 2014, logo que entrou no cardápio, a iguaria foi inscrita no festival Comida di Buteco, maior concurso do gênero no Brasil, e foi campeã da edição.

A RECEITA

1 PEÇA DE COSTELINHA SUÍNA (APROXIMADAMENTE 1,5 KG)

Para marinar a costelinha

1 cebola

3 dentes de alho

4 folhas de louro

1 xícara de vinho tinto

¼ de xícara de shoyu

Suco de meio limão

Pimenta-do-reino e sal a gosto

Requeijão de ervas

500 g de requeijão de boa qualidade

Alecrim

Cebolinha

Massa

30 folhas de massa de harumaki
(encontrada em lojas de produtos japoneses)

Água e farinha de trigo para
fazer a cola da massa

Bastante óleo para fritar

1. Deixe a costelinha marinar por, pelo menos, 6 horas. Leve ao forno por 1 hora coberta com papel-alumínio. Não é necessário deixar dourar, pois ela será desfiada. O importante é que esteja assada.

2. Desfie a costelinha, retirando o excesso de gordura e cartilagem.

3. Tempere o requeijão com a cebolinha picada e o alecrim, de acordo com seu gosto.

4. Abra as folhas de harumaki conforme as instruções da embalagem.

5. Recheie com uma base de requeijão temperado e costelinha desfiada na quantidade que desejar.

6. Enrole com cuidado e sele a massa com a mistura de água e farinha.

7. Frite por imersão, a 180 ºC.

8. Sirva com molho agridoce.

EMPADA DO SALETE (RESTAURANTE SALETE)

A HISTÓRIA

O Restaurante Salete foi fundado em 1957 pelo espanhol Manolo, que chegou ao Brasil no pós-guerra e se tornou uma figura conhecida e irreverente no bairro da Tijuca. O bar ficou famoso pela empada de camarão, seu clássico risoto de camarão, o filé-mignon de cortar com a colher e o chope bem tirado. O botequim permanece firme e forte até os dias de hoje. Herança espanhola, a massa de empada é uma iguaria há quase 64 anos e faz com que clientes de toda a cidade voltem para se deliciar.

Após a morte do fundador, o Salete passou a ser gerido pelas filhas, Silvia Sanmartin e Katia Borneo, que reformaram o espaço e incluíram novos pratos igualmente únicos, assim como sete novos sabores de empada. O local até hoje mantém as principais características: arquitetura com azulejos azuis e brancos nas paredes decoradas com prêmios, entre eles alguns de melhor empada do Rio e também o de melhor restaurante da Grande Tijuca.

Sempre fiel à receita da família, a empada tem massa que derrete na boca e recheios inigualáveis. Toda essa tradição fez o restaurante conquistar o título de Patrimônio Cultural Carioca em 2012. O nome Salete provém de Nossa Senhora da Salete (em francês, Notre-Dame de La Salette), nome dado à Virgem Maria em suas aparições na montanha de La Salette, região dos Alpes Franceses. Até hoje o restaurante tem duas santinhas na casa, desde a época de Manolo.

A RECEITA

Massa para 250 empadas

1,5 kg de banha de porco

500 g de ovos

4 kg de farinha de trigo

30 g de sal

1. Bata a banha com os ovos, adicione o sal e, aos poucos, a farinha de trigo.
2. Bata até a massa soltar, tampe e deixe descansar por 40 minutos.

Recheio para 250 empadas

70 g de alho picado

200 g de cebola

200 ml de azeite

2 kg de molho de camarão

50 g de camarão seco e batido até virar pó

200 g de tomate

3 g de louro

1 kg de farinha de trigo

1 l de água mineral

4 g de sal

4 g de pimenta-do-reino

2 kg de camarão

Azeitonas

500 g de gema de ovo

1. Em uma caçarola, coloque o alho e a cebola, pequena parte do azeite e leve ao fogo médio. Refogue até a mistura suar.
2. Adicione o molho de camarão, 30 g de pó de camarão, os tomates, as folhas de louro e deixe reduzir 1/5.
3. Em um bowl, coloque a farinha e a água e misture. Adicione ao recheio do passo anterior e deixe engrossar.
4. Ajuste o tempero com sal e pimenta-do-reino. Reserve e deixe esfriar.
5. Em uma caçarola pequena, adicione o restante do azeite e salteie os camarões. Adicione os 20 g restantes de pó de camarão e reserve.
6. Com uma base (12 g) de massa de empada devidamente colocada em cada forminha, deposite o recheio, 3 pedaços de azeitona, 1 camarão e tampe cada fôrma com 20 g de massa.
7. Pincele cada empada com gema de ovo e leve ao forno a 180 ºC por 20 minutos ou até dourar.

FILÉ THE PLACE
CLUBE DO FILET

A HISTÓRIA

Antes de abrir o Clube do Filet no endereço antigo, no Granja Brasil em Itaipava, Odete Barcelos e sua irmã Ignez eram sócias no Delicatessen the Place, em Bonsucesso. Foi lá que conquistaram o prêmio de 3º melhor restaurante do Rio de Janeiro, em 2000. O nome do local serviu para batizar o prato, que era sucesso de venda e se mantém até hoje no cardápio do Clube do Filet.

RECEITAS AFETIVAS COM A IDENTIDADE DO ESTADO DO RIO DE JANEIRO

A RECEITA

Manteiga

300 g de filé-mignon

300 ml de molho madeira

30 g de bacon cortado em cubos já fritos

Passas brancas

30 g de amêndoas torradas e cortadas ao meio

30 g de uva-passa

1. Em uma frigideira, coloque uma porção bem generosa de manteiga e acrescente o filé. Leve ao fogo alto até obter o ponto desejado.

2. Retire da frigideira, descarte a manteiga e acrescente o molho madeira, o bacon crocante, as passas brancas, as amêndoas torradas e as uvas-passas. Está pronta essa maravilha!

PICADINHO CARIOCA DA CASA VILLARINO

A HISTÓRIA

Alguns pratos são considerados "clássicos" em muitos restaurantes. Isso porque eles transcendem o tempo, independentemente de tendências ou modismos. São receitas que atravessam décadas, aprovadíssimas pelo público, e que o restaurante não pode retirar do cardápio sob hipótese alguma.

Um deles é esse picadinho, verdadeiro patrimônio da boemia carioca. Prato que costuma ser preferência em pedidos de almoço executivo, ele é guarnecido de arroz, feijão, farofa, ovo frito e filé-mignon em pequenos pedaços – daí seu nome. Também funciona como opção interessante para quem curte um programa noturno e quer matar a fome na madrugada. "O picadinho revelou-se para salvar vidas em horas mortas e recuperar disposições abaladas por uísques além da conta", assim escreveu o mestre Ruy Castro.

A Casa Villarino é uma espécie de quartel-general dos pratos clássicos, e o picadinho carioca é um importante e querido protagonista no cardápio. O que se comenta é que muitos personagens ilustres eram adeptos do picadinho do Villarino, entre eles o presidente Juscelino Kubitschek. Sempre que podia, JK aparecia no restaurante para almoçar e saborear a iguaria.

RECEITAS AFETIVAS COM A IDENTIDADE DO ESTADO DO RIO DE JANEIRO

A RECEITA
RENDIMENTO: 10 PORÇÕES

1,20 kg de filé-mignon limpo
Sal e pimenta a gosto
1 unidade de cebola
4 dentes de alho

100 ml de óleo de soja
20 g de caldo de carne em pó
1 colher de chá de amido de milho
Aproximadamente 600 ml de água

1. Corte o filé-mignon em cubos pequenos (aproximadamente 2 cm) e tempere com sal e pimenta a gosto. Reserve.
2. Descasque a cebola e pique em cubinhos pequenos.
3. Descasque os dentes de alho e passe no espremedor ou processador de alimentos.
4. Em uma panela, coloque o óleo e a cebola. Quando a cebola murchar, adicione o alho batido e refogue. Acrescente o caldo de carne em pó e mexa. Em seguida, acrescente a carne e refogue por aproximadamente 5 minutos.
5. Coloque água até que cubra o preparo, mexa e deixe cozinhar por 5 minutos.
6. Dilua o amido de milho em um pouco de água e despeje na panela, então mexa até que o molho engrosse.

Banana à milanesa

10 unidades de banana-prata
5 unidades de ovo
150 g de farinha de trigo

1 colher de sobremesa de caldo de galinha em pó
Água
100 g de farinha de rosca
400 ml de óleo de soja

1. Descasque a banana.
2. Em um bowl, misture os ovos, a farinha de trigo e o caldo de galinha em pó. Caso a mistura não atinja a consistência desejada, acrescente um pouco de água.
3. Empane a banana na massa de farinha com ovos, em seguida passe na farinha de rosca.
4. Coloque o óleo em uma panela e aqueça até que atinja 180 °C. Adicione as bananas aos poucos e frite até que fiquem douradas.
5. Retire do óleo e seque em papel-toalha.

Montagem do prato

1 colher de arroz cozido
3 colheres de sopa de farofa

120 g de picadinho
1 unidade de banana à milanesa
1 unidade de ovo estalado, por cima do picadinho

REFERÊNCIAS

ALMIRANTE. *No tempo de Noel Rosa.* Rio de Janeiro: Editora Francisco Alves, 1977.

AMARAL, Ricardo; HALFOUN, Robert. *Histórias da gastronomia brasileira: dos banquetes de Cururupeba ao Alex Atala.* Goiânia: Editora Rara, 2016.

AMARAL, Ricardo. *Ricardo Amaral apresenta: Vaudeville – Memórias.* São Paulo: Leya, 2010.

ALGRANTI, Marcia. *Pequeno dicionário da gula.* Rio de Janeiro: Editora Record, 2004.

BLOCH, Sergio. *Guia gastronômico das favelas do Rio.* Rio de Janeiro: Editora Mauad, 2013.BRASIL. Ministério da Educação e Cultura. E-MEC – Sistema de Regulação do Ensino Superior. Disponível em: https://emec.mec.gov.br/emec/nova. Acesso em: 20 mar. 2015.

BRILLAT-SAVARIN, Jean-Anthelme. *A fisiologia do gosto.* Tradução de Paulo Neves. São Paulo: Companhia das Letras, 2017.

CASCUDO, L. C. *História da alimentação no Brasil.* Belo Horizonte: Editora Itatiaia, 1983.

CASTRO, Ruy. *A noite do meu bem: a história e as histórias do samba canção.* São Paulo: Companhia das Letras, 2015. 641 p.

DIAS, Célia Maria de Moraes. *Hospitalidade: reflexões e perspectivas.* Barueri/SP: Manole, 2002.

DAMATA, Gasparino. *Antologia da Lapa.* Rio de Janeiro, 1978.

EDMUNDO, Luiz. *O Rio de Janeiro do meu tempo.* Rio de Janeiro: Imprensa Nacional, 1938.

FERRAZ, Flávio. *A culinária do Rio de Janeiro: da colônia à atualidade.* Rio de Janeiro: Metalivros, 2017.

FREYRE, Gilberto. *Ingleses no Brasil.* São Paulo: Editora José Olympio, 1977.

FREYRE, Gilberto. *Casa-Grande & Senzala.* São Paulo: Global Editora, 1933.

FREYRE, Gilberto. *Açúcar: uma sociologia do doce, com receitas de bolos e doces do Nordeste do Brasil.* São Paulo: Companhia das Letras, 1997.

FLANDRIN, Jean-Louis; MONTANARI, Massimo. *História da alimentação.* Tradução de Luciano Vieira Machado e Guilherme J. F. Teixeira. São Paulo: Estação Liberdade, 1998.

FRANCO, Ariovaldo. *De caçador a gourmet: uma história da gastronomia.* São Paulo: Senac, 2001.

FREIXA, Dolores; CHAVES, Guta. *Gastronomia no Brasil e no mundo.* São Paulo: Senac, 2008.

HOLANDA, Sérgio Buarque de. *Caminhos e fronteiras.* São Paulo: Companhia das Letras, 1994.

JUNIOR, Chico. *Roteiros do sabor do estado do Rio de Janeiro.* Rio de Janeiro: Editora Senac Rio, 2007.

MORETI, Fernando Piloto. *Abertura comercial brasileira: contrapondo opiniões.* São Paulo: Universidade Estadual Paulista. Faculdade de Ciências e Letras. Departamento de Economia. Campos de Araraquara, 2011.

REFERÊNCIAS

SILVA, P. P. *Farinha, feijão e carne-seca: um tripé culinário no Brasil colonial.* São Paulo: Senac, 2005.

SOUZA, Jailson e BARBOSA, Jorge Luiz. *Favela: alegria e dor na cidade.* Rio de Janeiro: Editora Senac Rio e [X] Brasil, 2005.

TOURINHO, Eduardo. *Revelação do Rio de Janeiro.* Rio de Janeiro: Editora Civilização Brasileira S/A, 1964.

VENTURA, Zuenir. *Cidade partida.* São Paulo: Companhia das Letras, 1995.

VENÂNCIO, R. P.; CARNEIRO, H. *Álcool e drogas na história do Brasil.* São Paulo: Alameda; Belo Horizonte: Editora PUC Minas, 2005.

Sites consultados

www.guiaculturalcentrodorio.com.br

www.rotaimperialdocafe.com.br

www.abs-rio.com.br

www.angudogomes.com.br

www.tanamesa.com

https://viagemeturismo.abril.com.br

https://www.uol.com.br/nossa/cozinha/noticias

https://www.folha.com.br

https://www.oglobo.com.br

https://www.vejario.com.br

Milton Teixeira – Um passeio pela história (podcast)

A Editora Senac Rio publica livros nas áreas de Beleza
e Estética, Ciências Humanas, Comunicação e Artes,
Desenvolvimento Social, Design e Arquitetura, Educação,
Gastronomia e Enologia, Gestão e Negócios, Informática,
Meio Ambiente, Moda, Saúde, Turismo e Hotelaria.

Visite o site www.rj.senac.br/editora,
escolha os títulos de sua preferência e boa leitura.

Fique atento aos nossos próximos lançamentos!
À venda nas melhores livrarias do país.

Editora Senac Rio
Tel.: (21) 2018-9020 Ramal: 8516 (Comercial)
comercial.editora@rj.senac.br
Fale conosco: faleconosco@rj.senac.br

Este livro foi composto nas tipografias Bree Serif e Gotham Black,
e impresso pela Imos Gráfica e Editora Ltda., em papel *couché matte* 150 g/m^2,
para a Editora Senac Rio, em maio de 2023.